12个工作的基本

仕事のための12の基礎力

[日]大久保幸夫 著 程亮 译
Yukio Okubo

前言　本书的内容与目的

我之所以写这本书，是为了帮助各位读者了解工作需要的能力，拥有满意的职业生涯。文中所谈的内容远比技术、资格证书这些东西更本质，是关于"对人""对己""对课题"的能力。只有掌握了这些能力，才能达到"享受好工作"的境界。

最近我总觉得，企业希望录用的"人才"已经跨越不同业界的藩篱，有了一个"放之四海而皆准"的标准形象。换句话说，其实所有企业都在争夺为数不多的同一类"人才"，只是这一标准还没有被每位求职者和学校所熟知，才会导致学习与就业之间出现偏差，学习效果不够理想。

另外，人们对"职业"一词似乎也多有误解，不少人都被这个概念模糊的词语所欺骗，完全不知道自己该做什么，终日惶惶不安。为此，我在第一章就总结了若干有代表性的误解。

在我看来，针对职业的思考过程，就是对职业所需基本能力的锻炼过程。因此，我在第二章定义了"引导职业生涯走向成功的12种基本能力"，并总结了掌握这些能力的方法。其内容均基于我本人至今不断经历错误和失败所积累的经验，以及人事、雇用、职业等方面的专业研究成果。为确保各年龄段的人——无论是二十岁左右的青年人，还是五六十岁的老年人——都能一口气读完，我特意采用了平实易懂的语言风格，而且没有使用任何专业术语。

培养能力是存在最佳适龄期的。希望诸位读者能以本书为参考，在各年龄段锻炼相应的能力，拥有理想的职业生涯。

名称		能力种类	标准开发年龄
第1能力	反应力	对"人"	10～30岁
第2能力	亲和力	对"人"	10～30岁
第3能力	乐观力	对"己"	10～60岁
第4能力	目标发现力	对"课题"	10～50岁
第5能力	持续学习力	对"己"	20～40岁
第6能力	语境理解力	对"人"	20～50岁
第7能力	专业构筑力	对"课题"	30～50岁
第8能力	人脉开拓力	对"人"	30～60岁
第9能力	委任力	对"人"	30～50岁
第10能力	商谈力	对"人"	40～70岁
第11能力	传授力	对"人"	40～70岁
第12能力	协调力	综合	40～70岁

目 录

前　言　本书的内容与目的

第一章　关于职业的种种误解　001

职业生涯就是始终向着目标笔直前进？　005

只要是大学或研究生院毕业，
就能在就业或跳槽时占据优势？　009

只要持有资格证书，就能找到工作？　014

过了35岁就不能跳槽了？　016

不擅管理的人可以成为专业人员？　021

第二章　引导职业生涯走向成功的12种基本能力　025

第1能力　反应力　027

表情见真章　031

点头的技巧　033

不会聊天的高中生　035

反应力决定信息收集能力　037

所有的倾听都是为了提问　039

第2能力　亲和力　041

作为领导的条件　045

智商与亲和力　048

省略寒暄有害无益　050

锻炼亲和力　053

第3能力　乐观力　055

压力应对　058

直面压力　060

以积极思考为目标　062

战略性思维能够增强乐观力　066

将乐观力视为重要的录用标准　067

第4能力　目标发现力　069

企业要求个人"自立"　073

"梦想能量"与"问题发现技能"　074

你有梦想吗？　075

贪欲创造目标　077

锻炼"问题发现技能"　078

　　提高目标发现力的技巧　081

第5能力　持续学习力　083

　　不学习的日本人　086

　　从强制性学习到自主性学习　088

　　不懂得学习方法　089

　　将思维格式化　091

　　学习的转移　093

　　养成学习习惯的关键　094

第6能力　语境理解力　097

　　语境理解力的支柱　101

　　积累与语境不同的人沟通的经验　103

　　代　沟　104

　　想象对方的发言背景　107

　　养成整理论点的习惯　108

　　在谈判场合不可或缺的能力　109

第7能力　专业构筑力　111

　　选择什么领域作为自己的专业？　114

　　我的专业选择　116

兼顾理论和实践　119

　　通过笔记联系理论与实践　120

　　专家不知者为罪　121

　　不可缺少的专家关系网　124

第 8 能力　人脉开拓力　125

　　首先要见想见的人　128

　　梅开二度　130

　　介绍给第三方是加深关系的有效技巧　132

　　怀着无私付出的心态　134

　　不要吝啬交际费和饮食费　135

　　在个人主页上进行自我介绍　136

　　停止加班，空出时间　137

第 9 能力　委任力　139

　　"自己做更快"的恶魔之声　143

　　"叫你做是应该的，你做好也是应该的"　146

　　信赖需要"眼光"　148

　　符合设计图的阶段化　149

第 10 能力　商谈力　153
　　听不进别人说话的中年一代　156
　　以成为职业顾问型上司为目标　157
　　登陆日本的职业顾问　158
　　5 万名职业顾问培养计划　159
　　商谈服务成为必需品　161
　　不可忘记的要点　162

第 11 能力　传授力　165
　　缺乏传授力的典型失败案例　168
　　"教员"带来的就业机会效应　170
　　传授方与受教方的关系　173
　　"和谐"的概念　174
　　毫无保留是大忌　175
　　夸奖与责备　177

第 12 能力　协调力　179
　　21 世纪的象征性职业　182
　　在不同领域间协调　184
　　一边提供建议，一边引导解决　186
　　构成协调力的 10 个要素　187

第三章 职业生涯稳步攀升的法则 189

登上职业生涯的阶梯 191
　职业的形象 191
　职业生涯是偶发性学习的积累 192

相互关联的12种基本能力 194
　各能力之间的关系 194
　一过30岁弱点就改不掉了 195

作为必要条件的两种技术 198
　信息收集技术 199
　数字解读技术 202

成年人的实习 206
　有益于双方的职业生涯的"实验" 206
　从多样的选项中作出选择 209

阶梯顶端的世界 212

后　记 214

出版后记 216

第一章
关于职业的种种误解

在从事与就业相关工作的过程中，我一直觉得，求职者所追求的技能与企业真正希望雇用的人才之间存在巨大的偏差，尤以应届毕业生的就业和录用场合最为明显。即使是在积累了一定社会经验后跳槽时，甚至在晋级、升职等人物评定时，这种偏差也不少见。

每个人都希望自己的工作更成功，希望得到更好的评价，希望更充分地发挥自身优势，享受一份好工作带来的快乐。为此，很多人会利用当前的工作学习新技能，或者通过读书、上学来学习。可是结果往往是徒劳无功。因为他们只知道追求流于表面的技巧和技能，并没有意识到什么能力才是现阶段必须掌握的。

日本当前的失业率稳定在5%上下，据分析，大部分失业都是由上述偏差造成的。与其说是工作岗位太少，不如说是因为求职者实际具备的能力与社会真正需要的能力相脱节。以求职中的大学生为例，他们中的一部分人早已被多家公司内定录用，可以随意挑选喜欢的工作，而其他大部分人只能在不断面试、不断失败的困境中挣扎。这就是现实。正在考虑跳槽，准备从事第二职业的中老年人也一样。

很多五六十岁的人，此前并未掌握应该掌握的能力，如今面对劳动市场的残酷现实，只能勉强接受并不想干的工作，薪水也远远低于期望值。

就业必须具备哪些能力？职业究竟是指什么？

每个人都知道"能力"和"职业"这两个词，但实际上，由于这两个词的概念过于模糊，造成了很多误解。有太多似是而非的所谓技巧和普遍说法泛滥于世间，制造了一大批牺牲者。我接下来要说的内容都是一点就透的东西，但在进入正题之前，我想先消除一些人对"能力"和"职业"的误解。

职业生涯就是始终向着目标笔直前进？

这个误解往往产生于最开始找工作的阶段。

人们常说："在求职之前，必须知道自己喜欢什么，想做什么。"

然而，处在这一阶段的求职者还没有实际的工作经验，这两个问题对于他们来说过于沉重，恐怕只有极少数人才能找到答案。

"我要成为医生，拯救世界上所有人的生命！"——极少有人像这样决定自己的职业生涯，并且坚定不移地走下去。大多数人都会确立"我要成为商人，到国外去""我想当杂志编辑"等目标，并且巧妙地使自己相信这就是自己想做的事。还有些人连这样也做不到，只能怀着"不知道自己想做什么""那个人是怎么知道自己想做什么的？真了不起，我可办不到……"这样的心态，不找工作，而是踏上寻找自我的漫长旅程（暂时成为自由职业者或无业人员）。

说得更直白些，以现在在职的 30～60 岁的人为例，几乎所有人在就业之前都不清楚自己想做什么样的工作。绝大多数人的求职经历无非是拜访师兄、师姐曾经就职的公司，接受私下面试，闹哄哄地喝着酒、握着手，不知不觉间就签了工作合同。可以说，在如今这个时代，完全可以不用考虑自己想做什么，先找家公司签约再说。

所以，就算现在并不清楚自己想做什么样的工作，也没必要感到焦虑。在接受就业辅导时，即使就业部的老师说"请自己分析一下，想想自己想做什么"，也很少有人会真的苦苦思考。

其实，想尝试做某种工作的动机，只有在真正接触那种工作之后才会出现。对于从没做过的工作，是不会产生动机的。

但不管怎么说，尝试认真思考这一行为本身并非毫无价值。面对就业如此重大的抉择，不知道哪种工作适合自己，经过慎重思考，终于选定了一种工作，尝试去当临时工，或者向正在从事这种工作的人打听情况，或者付诸实践，都是很有价值的做法。与正在从事这种工作的人进行交流，如果觉得可以把这种工作当作自己的理想，那么不妨下定决心投身其中，应该也是不错的选择。

其实最初从事什么工作不太重要。因为人的想法是会变的，即使起初觉得自己想做这种工作，也可能会渐渐对其他工作产生兴趣。机遇接二连三，其中既有偶然，也有醒悟，最终会在这条轨迹的延长线上发现自己该走的路。因此，与其把重点放在做什么工作上，不如设法让自己置身于能够得到成长的环境，锻炼12种基本能力。至于如何分辨一家公司能否让人锻炼这些能力，只要观察那些在这家公司工作10年以上的员工就能明白——如果他们的工作状态依旧生龙活虎、充满自信，结论自然不言而喻。还有离职员工也可作为参考，他们中的很多人仍会继续活跃在各个领域。

我给即将面临就业的大学生演讲时，经常说这样一句话："一开始请以漂流的方式行动，过段时间再切换成登山型。"

漂流的目的并不是抵达河流下游，其价值体现在拼尽全力穿越激流的整个过程——想方设法避开迫在眉睫的山岩，未及喘息就要迎接下一段激流的挑战。换句话说，这个过程中你即使没有确定长期目标,也在全力追逐短期目标。这样的经历必定能够让你提高自身能力,创造机遇,为自己接下来要走的路指明方向。总有一天(以 30 岁后为宜),你会确定一座想要攀登的高山,认为自己能在这条道路上收获成功,然后开始向着峰顶笔直攀登。我认为,实现这种从"漂流"到"登山"的职业设计才是较为理想的结果。

只要是大学或研究生院毕业，就能在就业或跳槽时占据优势？

还有一些误解是针对学历的。

首先是认为大学本科毕业生比高中毕业生在就业时更有利的误解。如今，日本的大学升学率已高达 44.6%，尤其是本科毕业生早就不稀罕了，甚至有不少高中毕业生找不到工作就去读大学的情况。所以说，仅是大学毕业已经没有什么特殊的价值了。事实上，自 1998 年以来，日本高中毕业生的就业人数始终都要多于大学毕业生。即使是名牌大学的毕业生，在找工作时也会遇到许多公司奉行的"不择校录用"政策，根本没机会自报家门。归根结底，用人单位看重的是求职者对于基本能力的掌握情况。

在日本，面向大学毕业生的白领职位已经处于僧多粥少的状态。如果只考虑就业的话，或许可以说上专修学校掌握一技之长才是上策。此外，人数激增的研究生院毕业生在劳动市场中也并未得到太多好评。除了跟随著名导师练出一身扎实技能的理科生，不少毕业生的就业状况甚至比大学本科生还要不堪。顺带一提，大学毕业后既没就业也没继续深造的人（无业人员）所占比例为22.5%，硕士占16.9%，而博士竟然占了34.9%，可见有很多走投无路的人。

尤其是近年来，在职就读研究生院的人越来越多。随着工商管理研究生院（如MBA）、法科研究生院（法律学院）等专职研究生院日渐普及，工作与大学之间的距离越来越小。再加上昼夜开讲制、函授制等讲座的完备，使得在职人员也能攻读研究生院。我目前就在法政大学研究生院的政策科学研究科任客座教授，在给学生上课、演讲时发现，他们中绝大部分都是在职人员。这些在职人员为什么要读研究生院呢？他们得边工作边学习，每周都要抽出两三晚和周六一整天的时间用来听课，其余时间也要准备作业和预习，或者写硕士论文，忙得甚至连睡觉的时间都没有。既然如此，他们为什么还会甘愿选择这样的生活呢？

有一个具有代表性的理由——他们希望增加自己的见识。或许，他们在期待研究生院里隐藏着某种说不清、道不明的"力量"。

有的人期待自己将来获得博士学位，继而成为大学教授。这确实是条出路。如果真是适合做研究或教育工作的人，纵然龙门难登，也不失为一个愿景。有的人期待自己在研究生院学到的东西能成为工作中的助力。如果读的是专职研究生院，即使把当前工作中面临的难题拿到研究生院，在导师的协助和支持下解决问题，再把成果带回公司，也不是不可以的。然而，还有的人期待毕业后获得硕士学位，在跳槽时就能占据优势……

问题恰恰就在于此。在我看来，除了享誉国际的研究生院（如斯坦福大学、麻省理工学院等）的工商管理硕士之外，硕士学位并不能成为跳槽时的有力跳板。我甚至认为，要是有人打算辞职进入研究生院深造的话，还是先做好日后再就业时需要辛苦奔波的心理准备吧。

为什么这么说呢？因为目前的业界还没有确定在职研究生的评定标准。许多在职研究生院的考试科目很少，而且其办学目的就是接纳真正渴望学习的人，为他们提供机会，所以只要有足够的学习热情，再好好写一份研究计划书，很容易就能入学。另外，尽管研究生院规定只有写出硕士论文才能毕业，但这种论文可以说是比较简单的。也就是说，研究生院无法提供能够体现一个人从千军万马的残酷竞争中胜出，考入高偏差值大学的"学历"。

另一方面，在研究生院的学习成果能否得到好评，其实存在很大的个人差别，有些人就是优哉游哉地度过两年学习时光的。总而言之，评价好坏是因人而异的。换句话说，以有利于跳槽为目的去读研究生院其实意义不大。

我不是说在职人员读研究生院没用，反而想鼓励这种既能挑战自我、又不影响工作的行为。如果隐约有意把某个领域当作自己的专业，那么除了实践，还需要从理论方面加以强化和补足，而研究生院就是提供这些的最佳场所。况且，这个阶段正是一个人停下前进脚步、尝试思考职业生涯的时期，在研究生院能跟处境相同的其他业界人士讨论、交流，无疑也是一个很好的契机。

在工作中需要掌握书面表达能力、逻辑思考力、企划能力、讨论能力等知性技能，如果能把读研究生院当作锻炼这些技能的机会，这段学习期就会大有收获。可要是搞错目的，难得的两年学习时光就会虚度，昂贵的学费也难免被白白浪费。

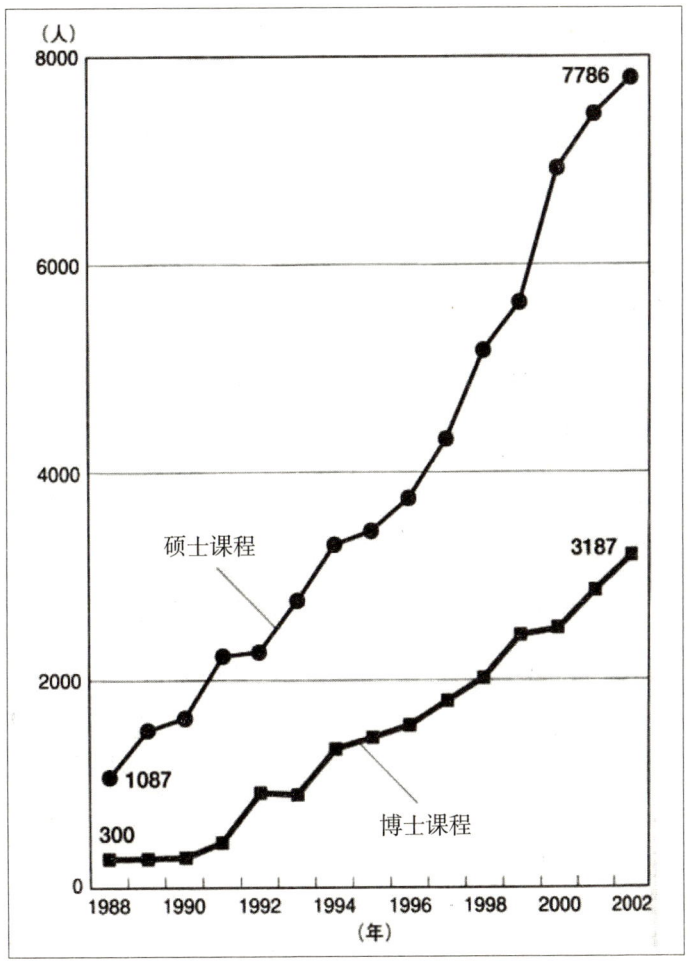

图 1.1 研究生院在职人数变化

只要持有资格证书，就能找到工作？

　　工作必需的能力和就业、跳槽时的有利能力的概念都很模糊，以至于许多人并不清楚考取什么资格证书最好。然而，只要翻阅招聘信息杂志就会发现，以持有资格证书为招聘条件的岗位数量简直少得惊人。

　　"持有资格证书有利于跳槽"这一所谓的"常识"究竟正确与否，其实多少有待商榷。

　　据说在日本，包括国家资格认证、公共资格认证、民间资格认证在内，共有约3000种资格认证。

　　那么问题来了，资格证书真的能准确体现出一个人的工作能力吗？或许通过考取资格证书，的确能在某种程度上证明当事人具备该工作的相关知识，但实际上有很多资格证书并不能保证业务和实践能力。因此，无论求职者拥有多少资格证书，对于就业的意义都不大，人事部门看重的是工作经验，因为经验比资格证书更能体现出一个人的工作能力。

　　而且单以知识而论，随着时代的进步，以前掌握的知识也会变得陈腐过时，而几乎所有现行的资格认证体系都不具备完善的更新制度，所以资格证书并不能成为就业和跳槽时的撒手锏。经常有人来到职业介绍窗口前，说自己考取了很难考的资格证书，理应能找到合适的工作。然而很遗憾，只要没有与实际业务经验挂钩，资格证书对企业就毫无说服力。

既然如此，为什么还有那么多学校准备了丰富的与执业资格无关的课程呢？一方面是因为很多在职人员来上学，既是为了考取资格证，也是为了补充相关知识。另一方面，是因为如果不能借资格证书的形式明确体现出学习成果，学校自然无法保证生源。如果能用通俗易懂的语言把工作必需的能力表达、共享出来，不局限于考取资格证书的讲座就会越来越多吧。

这二十几年间，欧美各国设立了大量的职业能力评定制度，目的是确保国民的学习热情不至于徒劳无功，同时促使国民的职业能力得到有效提高。英国的职业能力评定制度NVQ是广为人知的成功案例，据说日本也有人去考取该资格证书。如今，厚生劳动省和经济产业省也在准备设立类似NVQ的职业能力评定制度。该制度若能顺利出台，或许就能消除人们对资格证书的误解。

过了 35 岁就不能跳槽了？

事实上，很多招聘广告都以 35～40 岁作为年龄上限。原日本劳动研究机构的调查结果显示，招聘的平均年龄上限为 41 岁。有人认为，企业在招聘时不应该设定年龄上限，于是大力鼓吹禁止年龄歧视的法律出台。

过了 35 岁或 40 岁，真的就找不到新工作了吗？我认为，这个论调并不严谨。企业的中途录用大体可分为"潜力录用"（期待可能的无经验者录用）和"职业录用"（评价经验或实际成绩的即战力录用）。潜力录用的代表就是对应届毕业生的录用，期待他们将来发展的可能性，从头开始培养。在 20 多岁时，潜力录用的情况很常见，可一旦过了 30 岁，无经验者的录用就会变得很少。因此，若想挑战全新的领域，最好在 30 岁之前作出决断。针对 30～40 岁的人的录用，主要围绕即战力人才进行。这种人不用接受特殊教育就能立刻派往现场，只要经过几个月的在职培训（On the Job Training, OJT）就能独当一面。职业不同，达到独当一面程度所需要的时间也不一样，很多工作都需要

	不满半年	半年至1年	1~3年	3~5年	5年以上
TOTAL	9.5%	19.1%	22.1%	30.0%	10.2%
司机	32.2%	36.2%	11.8%	10.9%	1.5%
一般事务	15.9%	27.0%	24.7%	20.5%	5.2%
生产工程操作员	10.8%	23.4%	22.1%	28.5%	6.2%
护理、福利专业人员	7.1%	15.4%	23.1%	34.5%	4.3%
经商	5.3%	20.6%	30.1%	34.1%	5.5%
金融专家	4.6%	13.1%	33.1%	36.2%	6.2%
财务、会计、经理	6.2%	18.8%	29.8%	30.3%	9.6%
厨师	8.3%	15.0%	14.4%	31.7%	18.4%
计算机技术员	2.4%	6.5%	23.1%	50.0%	10.7%
理发师、美容师	0	7.1%	13.4%	47.3%	14.3%
研究开发	4.3%	7.7%	19.7%	37.6%	22.2%

表1.1 达到独当一面程度所需时间

数年时间。具体情况请参照下页表格。企业中途录用的人，通常已经积累了足够多的经验，他们不需要花费太长时间，只要掌握该公司的特有知识及业界的相关知识，就能做到独当一面。

关键在于公司的特有知识——"企业特殊技能"，包括公司特有的决策体系、工作的判断标准、产品的相关知识、公司特有的技术、公司内部人脉等。假设一个人在一家公司工作了20年，早已能够独当一面，每天的工作都完成得很好。那么，这个人之所以能顺利完成工作，究竟是因为他具备"企业特殊技能"，还是因为他具备在任何地方都通用的"一般技能"呢？这是必须重新确认的。如果一般技能所占比例达到一半，剩下的是企业特殊技能，那么这个人一旦跳槽就会失去半数财产，而且跟新公司的老员工竞争时也会相当艰难。从人事的角度来看，"在不利情况下掌握多少一般技能"将成为录用与否的标准。

企业特殊技能所占比例因公司和职业而异，当然个人差异也不小。考虑跳槽时，必须先按照社会标准确认自己有多大价值，掌握了多少一般技能，同时必须按部就班地培养这些技能。否则，年过35岁的跳槽将成为一场苦战。

而且必须考虑到，一旦盲目地被提前退休优惠制度所吸引，以后就得面对严酷的现实和长期失业的风险。

反过来说，年过35岁的人想在跳槽中大有收获，需要满足两个条件。

一个条件是，要具备业界通用的专业知识和技能。这并不是一朝一夕能够掌握的，需要有计划地逐步培养。第二章的"12种基本能力"中所列举的"专业构筑力"即属此例，可供参考。另外，对于同一种能力，有的公司需要，有的公司则不需要。因此，请冷静地观察市场，寻找那些需要你所擅长领域的公司，这一点至关重要。

另一个条件是，要积累作为领导者的扎实经验和技巧。对35岁以上人员的录用，要么就是直接聘其担任管理职务，要么就是以在近期担任管理职务为前提的录用。35～40岁的就业差距，体现在一般职位和管理职位的差别上。对于能以管理者身份得到团队成员信任的人才来说，年龄将不再是问题，甚至达到一定年龄、积累了大量的业务经验反而更好。因此，在后文介绍的12种能力中，请优先锻炼"语境理解力""委任力""商谈力""目标发现力""人脉开拓力"等能力。

在工作中,或许没必要在意年龄差异,将退休、年功序列①等因素彻底抛开,走真正的实力主义路线也挺好。当然,还有很多工作需要年龄和经验的积累,只要具备相应的能力,就没必要在意招聘中的年龄上限。那时,年龄的障碍将不再可怕。

---

①日本企业的传统工资制度。——编者注

不擅管理的人可以成为专业人员？

许多公司职员在 35 ～ 45 岁期间都会经历这样一个选择——是以全面发展的经营干部为目标，还是成为特定领域的专家。也许在很多时候，这已经不是一种选择，而是自动决定的，要么出人头地，要么惨遭淘汰。

美国南加利福尼亚大学的德赖弗教授是一位组织经营的研究学家，他提出了一种职业模型。如表 1.2 所示，有四种职业概念，其中有爬到经营顶点扩大影响力的"线性职业型"和作为专家在公司之外也备受尊敬的"稳态职业型"等。

从整体来看，立志成为专家的趋势比较明显，在 45 岁以后，一部分人开始立志出人头地。而误解的根源就在于这一分歧。

很多时候，立志成为专家的人并不擅长在企业内以领导者的身份负责管理，所以会选择（或被动选择）一条独行之路，依靠自身的专业能力来提高业绩。只不过，很多人往往还没能具备专家级的专业技术和知识，就停滞在专职人员的水平上无法更进一步，始终都在翻来覆去地做着同一件事。我认为，在这种情况下，把成为专家和负责管理视为两个对立的概念是绝对错误的。

若想成为优秀的专家，管理能力是必不可少的。一个人单打独斗，能力总有极限，很多时候不得不站在项目负责人的立场集结大家的力量来完成高水平的工作。无论是研究者、编辑还是技术人员，无一例外。如果基于"会管理就当全才，不会管理就当专家"的想法来选择职业发展方向，今后不可能有大的发展和成就。

相反，还有很多人误以为选择全才之路的人有专家可供驱使，所以自己不懂专业知识和技能也没关系。

归根结底，经营和组织管理难道不是都属于专业范畴吗？想当经营干部，就必须成为经营专家。财会知识、市场知识、人才管理知识、经营战略理论的主要谱系、风险管理知识、商法基础知识、经营哲学、业界内外的相关人脉等等，只有具备这些，才能成为合格的（或候补）经营干部，否则只能停留在科长、部长的水平。人们常说，日本没有培养出优秀的经营者，没有能肩负下一代的领导者。之所以如此，很大程度上正是因为日本缺少培养经营者的

职业模型	稳态职业型	线性职业型	螺旋职业型	过渡职业型
	作为专家,在公司之外也备受尊敬	爬到经营顶点,扩大影响力	每10年一循环,从事新工作,拓展自己的可能性	接连不断地挑战新工作
全体	51.9	9.7	24.9	10.8
18～24岁	51.3	13.8	16.5	16.2
25～29岁	50.7	10.8	23.5	13.1
30～34岁	46.0	10.1	30.9	11.0
35～39岁	47.6	9.6	30.7	10.2
40～44岁	50.7	9.7	28.3	9.4
45～49岁	54.1	7.9	26.4	8.8
50～54岁	57.7	6.8	24.9	6.9
55～59岁	60.0	6.6	21.4	6.6

表1.2 德赖弗教授的职业模型及各年龄构成比(%)

体系，而且并没有把经营者视为专家。

在你心里是否存在前文介绍的这些"误解"？这些误解只会牢牢束缚你的职业规划，使其仅仅流于表面。你需要从更本质的层面上重新理解自己的职业发展。

因此，下面我想谈谈对任何职业的人都适用的"职业的真相"，也就是支撑职业发展的真正能力。

我认为，任何方向的职业发展都应该在职业生涯中兼顾"取得成绩"和"享受工作"两方面。为此，需要在适当的时机（年龄段）进行适当的学习。

接下来，我将介绍共计12种基本能力。

只要掌握了这些能力，你将一生都能享受工作的快乐，拥有好评不断的职业生涯。无论是即将工作、打算规划今后人生的人，还是工作多年、试图检验自身成长的人，都应该继续读下去。如果发现自己在哪方面有所不足，请务必勇于挑战，直到掌握该能力为止。只要具备这12种基本能力，你的职业生涯成功率必能大幅提升。

第二章

引导职业生涯走向成功的 12 种基本能力

第1能力 反应力

定义	让对方知道自己对其言论或提问作何反应的表达能力,是最基本的交流能力
标准开发年龄	10～30 岁
缺少该能力的后果	显得反应迟钝;信息阻塞
相关能力	亲和力、语境理解力

公司开会时，往往有这样一种人——明明参加了，却毫无存在感。这种人当然是不发言的，但问题并不仅仅在于发不发言，更重要的是，这种人就像隐形人一样，不会给别人留下任何印象，会后别人也根本想不起来他究竟有没有出席。你身边有这样的人吗？

反过来说，如果你在开会时不想引人注意，会怎么办？一言不发是肯定的，恐怕还得低着头避开发言人的视线，装出记笔记的样子，尽管其实对发言内容置若罔闻。

想在会议等集体场合让自己变成隐形人，相对来说比较简单，只要做到不发言、不出声、表情也不变就行了。但这毕竟属于有意为之，要是一个人在无意识中也这样做，就会被贴上标签——"没必要出席会议的人"，大家下次开会肯定不会再叫他了。

你是这样的人吗？

你以前上学时是怎样听课的？是不是为了不被点名回答问题，就尽量避开老师的视线？是不是对老师讲授的内容左耳进，右耳出，丝毫不管听没听懂？

在上课、开会等集体场合或一对多的场合，个人的责任会相对变小。如果你真想变成一个"仅仅在场"的人，很容易就能办到。这样做固然轻松，可是一旦养成"习惯"，后果将十分严重，所以必须立即矫正。

表情见真章

人与人之间的交流，不一定非要通过语言，还有不依赖于语言的交流，称为"非语言交流"，它比语言交流更重要。

心理学家梅拉宾曾做过实验，探究一个人判断他人对己态度的关键依据是什么。结果，他得出了下面这个有趣的公式：

$$对人态度 = 表情 \times 55\% + 声音 \times 38\% + 言谈 \times 7\%$$

我们在谈论"喜欢"或"讨厌"时，如果穿插着温和或僵硬的表情，那么谈话内容对聆听者的影响就只占7%，因为很大程度上我们是根据表情来判断对方是如何看待自己的。当然，亲密的恋人即使不交谈，彼此之间通过表情也能明白对方的意思。反过来说，面前的人如果表情僵硬，我们一眼就能看出对方对自己并无好感。

在开会或上课等场合，我们容易把自己放在被动的位置上，觉得没必要发出任何信息。但表情在体现态度上是如此重要，甚至可能令我们平添不安，担心自己的表情太僵硬，不仅不能隐藏存在感，反而可能会使周围的人以为"他对会议的决定不满"。

交流不一定非要通过口头语言，表情、动作等肢体语言更为重要。如果不能熟练运用，就无法实现顺畅的交流。

点头的技巧

有一种交流手段最简单，而且十分有效。

它就是点头。

"点头"能向对方表达"我在听你讲呢""我对你的话感兴趣"的态度。点头很简单，任何人都能做到，但其效果之大是一般人难以想象的，堪称交流催化剂，能够诱使对方继续说下去。

下面介绍一个实验。

该实验由心理学家马塔拉佐等人主持，是在警察和消防员的面试中进行的。每位应聘者的面试时间有45分钟，面试官将其平均分成三部分，分别询问学历、家庭和工作履历。在每个部分的15分钟时间里，面试官时而露出平常的表情，时而在应聘者讲话时频频用力点头。他们轮流对大量样本进行了实验，经过分析发现，比起不点头时，85%的应聘者的发言量在面试官点头时增加了50%。也就是说，面试官点头的动作让应聘者觉得"他对我的话感兴趣"，于是变得口齿伶俐，也有了诉说的欲望。

我给学生上课、演讲的机会很多,在这一过程中就切实体会到了点头的效果。如果会场里点头的人超过一定数量,我就会热情顿起,越说越起劲。反过来,如果几乎所有人都毫无反应,像是长途列车里躺在卧铺上看电视的无聊乘客一样,我就会失去说话的动力。此时哪怕只有一个人偶尔点头,我的视线也会不由自主地集中在他身上,感觉像是在给他一个人演讲。

当会场里的听众多达一两百人时,你是否会产生错觉,以为演讲者看不见自己?实际上,演讲者能够清楚地看见每一个人,什么情况都知道,例如,"那个人刚才打呵欠了""那个人看起来昏昏欲睡""啊,他在记笔记呢"……其实,演讲并不是单方面的说话,会场里的每个人都是其中的一分子。

音乐、话剧、表演也是如此。如果观众反应良好,表演者来了兴致,就能奉献更精彩的演出。也就是说,观众要想欣赏到精彩的演出,就得跟表演者互动,这样才能令表演者兴致高涨。

不会聊天的高中生

"用人企业对高中生的能力是否满意"的调查显示，对高中生的交流能力感到满意的企业只占一成，大多数企业都回答不满意。我对这一结果感到难以置信，曾向几家企业的人事负责人询问，结果得到了近乎同样的回答——"不会聊天"。也就是说，在他们看来，这一点会影响到录用后的培养，所以无论如何也不能忽视。

我并不认为高中生的交流能力一概低下。他们比成年人更擅长使用图像和符号的交流技巧，也不乏交流欲望，只是还没有锻炼出对答如流的技巧。如果他们能用简单的语言和表情作出反应，就一定不会给人留下交流能力低下的印象了。

或许是因为在日常生活中，他们并没有被要求必须对对方的话作出反应或回答。例如，在面对父母和老师时，即使对对方的话置若罔闻也无所谓。现代社会常说"最近的年轻人怎样怎样"，这一论调其实反映出了人们对于毫无反应的年轻人的不信任。

如果以点头为代表的反应力低下，就会让对方有种"不知道他在想什么"的感觉。"刚才说的话他明白了吗？""回答是 Yes 还是 No 啊？"——令人不禁想要刨根问底。一旦给对方留下这样的印象，对方就会丧失继续交流的热情。在需要与其他人协同工作的场合，这是一个很严重的缺陷。

只需要以适当的表达让对方明白，自己对其所说的话是有反应的，仅此而已。要是连如此简单的点头习惯都无法养成，将会带来巨大的损失。

反应力决定信息收集能力

刚刚是以年轻人为例，而在现实中，这一问题并不仅限于年轻人。在演讲者失去发言热情的会场，往往坐着许多年长的人。

听众之所以毫无反应，一方面是因为有些人本来就不想听演讲，他们要么是依从公司的安排，要么纯粹是为了打发时间。既然这些人并不想从演讲里吸收哪怕一两条有益的内容，演讲自然就会变成背景噪音，而这段时间就成了他们"装作"学习的悠闲时光。这种人是绝对不会提问的，所以任由演讲内容左耳进，右耳出。

另一方面，是因为有些人觉得自己很懂，怀着妄自尊大的心态来听演讲。他们一边听，一边批判演讲者的发言内容过于浅显，稍微一想就能明白，觉得自己大老远跑来，可不是为了听这些废话的。怀着这样的心态，任何人都会面无表情。

在企业经营者当中，有反应力的人和没有反应力的人同样泾渭分明。有些人边听人说话边点头，这样的人非常善于倾听，总能得到一些额外的信息。他们在听公司员工汇报的时候，想必也会边点头边询问，准确地收集现场信息。相反，有些人从不点头，脸上总是挂着"这种事还用说"的表情。这样的经营者往往收集不到重要信息，最终的下场可能就是一个人被蒙在鼓里。

所有的倾听都是为了提问

怎样才能锻炼反应力？像点头这样的事很容易办到，只要稍加留意即可，不用特意考虑如何锻炼。

锻炼反应力的关键是要有自觉的意识。除了一对一的交流场合，在开会、上课、演讲等集体场合，也会有人关注自己的反应，所以不能像在家里看电视、打游戏时的状态一样。要时刻养成习惯，留意周围的人，客观把握这些人对自己有何期待。

正视对方的双眼在交流中也很重要。听对方说话时看着对方的眼睛，就能比较自然地作出反应。此外，在听对方说话时，应该怀着准备提问的心态，这种心态对方也是能感觉到的。即使是在同一时间听同一个人讲话，有没有这样的心态，将使理解效率截然不同。

还有，作出反应是为了引导对方透露信息或能力，所以不妨有意放大自己的反应，露出"我对你的话感兴趣""还想听更多"的表情，信息自然就会向你汇集。

> 大前提是"为了提问而听"。关键是要端正态度，最大限度地利用现场，把包括提问在内的内容都变成自己的知识。除此之外，下列要点也应多加注意。

要点 1	如果事先知道讲师是谁，就应该提前了解对方所写的书或发言内容，带着"想知道这个问题"的明确目的去听。
要点 2	对于演讲内容不要囫囵吞枣，应该带着"果真如此吗"的疑问去听。
要点 3	提问大概分为"反驳""确认""展开"三类。"反驳"是指直接提出自己对于演讲内容的疑问，就此询问讲师的看法；"确认"是指说出自己的理解，询问讲师是否正确；"展开"是指提出类似案例的问题，或请讲师具体举例。请边听演讲边思考，进行合适的提问。
要点 4	尽量第一个提问。因为起初大家比较拘谨，举手的人不会太多，容易被点到名，而且不用担心别人先提出同样的问题。
要点 5	作为礼貌，应该先对讲师表示谢意，然后自报姓名，再开始提问。最好把所有问题归纳成一个，而不要接二连三地提问。
要点 6	如果没有人提问，可以就讲师受时间所限未能详细说明的省略部分进行提问。
要点 7	如果在提问时间结束后仍未能得到提问机会，可以等演讲结束后去讲台直接询问。有时，比较特殊的问题恰恰适合这样提问（除非是著名讲师提前离席，否则一般都会接受提问）。

表 2.1　在演讲会、学习会上做到适当提问的要点

第 2 能力　亲和力

定义	通过柔和的表情或诙谐的笑容吸引人的能力
标准开发年龄	10～30 岁
缺少该能力的后果	支持自己的人非常少
相关能力	反应力、人脉开拓力、乐观力

有的人仅靠微笑和两三句话就能彻底吸引对方。你周围肯定也有这种人吧？这样的人被称为"有亲和力的人"。

具有亲和力的人即使跟别人初次见面，也能开心地打招呼说"你好"；乘电梯时偶然遇见熟人，能笑着说声"最近怎么样""最近真努力啊"。只靠一声寒暄，就能迅速拉近两个人之间的距离。

有亲和力的人在工作中能够如鱼得水，没有亲和力的人则会步履维艰。具备亲和力的人，不仅能够轻松、妥善地处理人际关系，出现一些小的失败也容易得到谅解。在旁人看来，有亲和力的人即使出现小的失败，也是一种"可爱"，所以乐意包容。

有的人非常年轻，却能很自然地跟长辈或领导打招呼，虽然实力还不足，但已经得到青睐和重用。这样的人也可以称为有亲和力的人。

这种人的笑容很有感染力，听人讲话时很有礼貌，同时能明确说出自己的意见（即使不是什么重要的意见）。这样的年轻人容易得到长辈的支持，是俗称的"长辈杀手"。我认为年轻人应该尽可能成为"长辈杀手"。

听我这么说，肯定有人会觉得"那样有媚上之嫌""光靠撒娇恐怕不能在世间立足"，等等。其实，这些人是把撒娇与亲和力混为一谈了。

作为领导的条件

松下电器产业创始人、已故的松下幸之助先生创办的"松下政经塾"是政治家的摇篮，已培养出众多肩负下一代的年轻政治家。松下政经塾不收取任何入学金和学费，而且提供研修资金，学习环境优异，吸引了大量有志之士。据说，某报刊记者曾向松下幸之助先生询问学生的选拔标准，老先生的回答是"通过运气和亲和力来选拔"。他的意思应该是说，学生要具备亲和力，这样的人成为政治家才能吸引大家主动支持。

选民那么多，要让每个人都理解自己的政策并为自己投上一票，从现实角度来说是不可能的。竞选人必须在街头演说、演讲会等极其有限的时间里，让选民产生为自己投票的想法。而且，即使将来担任大臣、首相等责任重大的职务，有无亲和力也会对国民支持率产生巨大影响。只有成为同僚和在野党都能善意接受的人物，才能担负重任。

历任首相中有许多充满亲和力的人物，田中角荣首相就是其一。他出身新潟，学历很低，却凭借才能，年仅44

岁就荣任池田内阁的大藏大臣。改制前的大藏省是东京大学毕业生等高学历者的天下，田中角荣就任时只有初中学历，肯定是不会受到善意对待的。但在就任之前，他仔细翻阅了大量资料，将重要数据全部记在心里。据说，在与众同僚的初次会面中，其优异表现甚至让东京大学出身的官员也为之咋舌。另外，田中角荣还很会照顾人，以独特的混浊嗓音与和蔼可亲的笑容很快赢得了官员们的支持；对待选民，即使在路上遇到10年不见的人，他也能说出对方的全名，并询问对方"你的奶奶身体还好吗"，因此得到了大量的狂热拥趸，在选举中展现出了压倒性的优势。尽管"洛克希德事件"的有罪判决使其成为功过参半的首相，但他的亲和力是值得肯定的。

　　小渊惠三首相也是如此。他是一位电话狂人，即便是对素未谋面的人，他也会直接打电话过去，自报家门说"我是小渊"，接到电话的人不免受宠若惊，恐怕当天就会成为他的拥趸。"小渊电话"甚至成了当时的流行语。还有一则趣闻，说的是小渊在就任伊始曾被人用"冷比萨"等绰号严厉批评过，后来有一次接受杂志采访时恰好旁边就有比萨,他看出了摄影师的期待,就主动询问:"要不要拿起来?"然后手持比萨拍摄了照片。我很喜欢这则趣闻,它完全体现出了小渊先生的亲和力。

首相可谓是领导中的领导,可见地位越高,亲和力就越是不可或缺。

智商与亲和力

丹尼尔·戈尔曼所著的《情商》一书,在日本也很畅销。书中透露出"在社会上取得成功,需要的不是智商,而是情商"的观点,我也无数次听说"亲和力重于智商"的言论。的确,就算学力(IQ)再高,也未必能够成功。倒不如说,哪怕学力(IQ)稍低,有亲和力的人也更容易成功。当然,如果一个人学力(IQ)很高,同时又有很高的亲和力,那他可以说是注定会成功的。

心理学家彼得·沙洛维将情商的相应部分分成五个领域来加以说明。

1. 认识自身的情绪。
2. 控制情绪。
3. 自我激励。
4. 认知他人的情绪。
5. 妥善处理人际关系。

亲和力与第五个领域密切相关。比如说能在短时间内交到朋友，或者对待事物态度积极，不会破坏集体和睦，等等。

我很喜欢意大利，经常去那里旅行。走在街上，很多当地人都会跟我打招呼说"你好"，脸上还带着微笑。给我的感觉是，这一习惯已深深扎根于所有意大利人的心里了。有人主动向你打招呼说"你好"，你的心情肯定不错，这样就能形成一种可以随意寒暄的氛围，人际关系也能得到妥善的处理。我常常想，日本人往往羞于微笑着随意寒暄，其实我们应该多思考一下寒暄的效用。

省略寒暄有害无益

有亲和力的人必定是寒暄高手。

他们的寒暄也没有多么特别,只是很普通的"下午好""早上好"之类的,但他们会看着对方的眼睛,用对方能听清的声音说话。擅长寒暄的人也擅长打电话和发电子邮件。对方听见电话里的声音,看见电子邮件的标题,仿佛就能在脑海中浮现出这个人的笑容,切身体会到给予别人愉悦和活力的方法。这种人身上时刻散发着"清爽的气息"。

这样做看起来挺容易,其实很难。也许偶尔能做到,却不能时刻做到,可能也需要积累和养成习惯吧。

最近,不重视寒暄的人似乎变得越来越多。这些人总是"省略寒暄",突兀地直奔主题,只理会要紧的事,不讲礼仪。虽说在忙碌的时候,冗长的寒暄难免使人心烦气躁,但寒暄毕竟是交谈的润滑剂,不能随便省略。

最近流行发电子邮件,致使寒暄遭到忽视,而书信与电子邮件最大的不同就在于是否带有日常寒暄。写电子邮

> 通过各年龄段的人对"接电话""待人接物""上下班时的寒暄"等礼仪的重视程度，能看出各年龄段的人之间的差距。

	全体	20~30岁	30~40岁	40岁以上
样本数（人）	281	77	100	104
1. 措辞	68.0%	68.8%	66.0%	69.2%
2. 遵守时间	44.5%	44.2%	45.0%	44.2%
3. 接电话	43.8%	51.9%	47.0%	34.6%
4. 行为举止	22.8%	20.8%	22.0%	25.0%
5. 仪表	22.4%	20.8%	25.0%	21.2%
6. 待人接物	15.7%	10.4%	13.0%	22.1%
7. 回答方式	13.5%	14.3%	14.0%	12.5%
8. 吸烟的TPO[①]	13.2%	11.7%	13.0%	14.4%
9. 上下班时的寒暄	12.5%	9.1%	7.0%	20.2%
10. 手机礼仪	8.2%	6.5%	11.0%	6.7%

表 2.2　各年龄段的人所重视的商务礼仪要点

---

① 指时间（time）、地点（place）、场合（occasion）。——译者注

件时,大家都默认可以省略寒暄,但当两个人面对面的时候,如果也省略寒暄,就会给人唐突、粗鲁的印象,有时态度会显得很失礼。

寒暄的习惯可能正从日常生活中消失。如果在家里养成说"早上好"的习惯,到了外面就能自然而然地说出"早上好"。如果在家里没有这样的习惯,在外面恐怕也做不到。

父母必须让孩子明白,缺少寒暄是有害无益的。

锻炼亲和力

在很大程度上,亲和力是通过成长环境培养起来的。它也可以作为一种技能,通过学习来掌握。

例如脸上的表情。前面的"反应力"一节已经说过,向对方传达情绪时,表情比声音和交谈内容更重要。负责做出表情的面部肌肉多达 30 余种,称为"表情肌"[1]。通过锻炼这些肌肉,就能创造出自己的"标准好笑容"。艺人和播音员会在镜子前做出各种各样的表情,仔细查看这些表情会给别人留下什么样的印象。就算不是艺人,也应该对自己的笑容负责,这一点对于锻炼亲和力来说是很重要的。

还有一条进步的捷径,就是模仿。模仿自己身边有亲和力的人的说话方式和行为举止,每次觉得模仿得不错时,

---

[1] 指负责眼、鼻、口的开闭,耳朵的活动等 30 余种肌肉。这些肌肉通过相互作用,呈现出人类的独特表情。据说表情肌与其他肌肉一样,如果很少使用,始终面无表情,就会随着年龄的增长而退化。要想成为亲和力四射的人,锻炼表情肌是很重要的。

就把相应的信息记在心里,这样就能找到对方时刻散发出清爽气息的线索。

如此有意识地不断重复,渐渐就能变成自发行为。

不论男女,亲和力都是妥善处理人际关系的魔力钥匙。如果锻炼不好亲和力,就会得到"冷漠的人""难以交往的人"等负面评价,这将给你造成巨大的损失。

第3能力　乐观力

定义	面对工作压力，有适合自己的处理方法，能够战略性地消除压力的能力
标准开发年龄	10～60岁
缺少该能力的后果	态度消极，经常生病
相关能力	亲和力、目标发现力、专业构筑力

我们平时从事工作，会不可避免地感受到压力。如何妥善处理压力，尽可能将其转化成积极能量呢？可以说，掌握适合自己的压力处理方法是重要的工作能力之一。

"压力"一词源自物理学，本意是指"物体受到外力作用时发生的变形"，由此引申出"受到身体性、精神性、社会性刺激时出现的生理反应状态"（该定义出自日本厚生省1988年保健福祉动向调查）的含义，并得到广泛使用。

将"压力"真正引入医学界的人是病理学家汉斯·塞利。他认为压力可分为两种，一种是成长、发育所必需的积极压力（eustress），另一种是不良压力（distress）。有时，某种紧张感（积极压力）能成为"不断努力练习，最终获得成功"的积极原动力，所以不能一概地说压力就是不好的。不过，我们平时受到的外界压力或遭遇的人际关系等问题多为不良压力，容易引发胃痛、精神不稳定等状况。

根据"厚生劳动省2002年劳动者健康状况"调查，上班族中"在工作中存在强烈的不安、烦恼等应激反应"的人占61.5%。由此可见，工作压力几乎是不可避免的。

压力应对

对压力的处理称为"压力应对"。最近,越来越多的企业将压力应对作为心理健康的一环,要求员工参加相关的讲座或研修。

压力的处理方法可以分为两大类,一类是积极地面对,另一类是消极地回避。

消极的压力消除法又可分为四大类:

1. 放弃。到了悔之已晚的时候,闷闷不乐也无济于事,所以只能放弃。例如,在重要的表现场合严重挫败时,就算拨回时针也已经于事无补。

2. 忘记。一般的压力只要不去想就会变轻,所以可以暂时不去思考引发压力的问题。例如,当人际关系令人烦恼时,可以暂时彻底忘掉对方。

3. 归咎于他人。在自己心里转嫁责任,如"都是他的错"。如果一切后果都由自己承担,人是有可能崩溃的。可是,如果把归咎于他人的想法说出来又可能引发新的压力,所以关键在于只将这样的想法藏在自己心里。

4.转换心情。做自己喜欢的事,如喝酒、购物、酣睡、唱卡拉OK、运动、旅行等,从而发泄不快的心情。只要是轻微压力,都能通过转换心情得以消除。

请从这些方法里选择适合自己的方法,当然也可以搭配使用。说到消极的压力处理,可能会让人觉得不堪一用,但事实上,这是压力应对的重要方法。

直面压力

与压力积极战斗的方法也分为几种模式。

一种方法是直接消除压力根源。例如，如果是因人际关系不顺而感受到的压力，就可以跟对方好好谈谈，双方重归于好。这种方法适用于能够轻易解决的问题。但实际上，能直接解决的问题一般也不会令人感受到压力了，所以这种方法并不容易实现。

另一种方法是对压力根源进行分析、反省，为以后做好准备。换句话说，就是当怎么做都进展不顺时，可以从失败中学习，争取下次成功。这是一种在现实中很有成效的压力处理方法。最近，工学院大学的畑村洋太郎教授提出一种备受关注的思路——"失败学"，就是通过阐明失败原因，防止事件再次发生，从而找出成功之路。

仔细分析失败的原因，记在备忘录上并以此为参考，思考如何才能成功，然后就会发现，反复的失败其实是宝贵的信息。这样一来，即使经历一些失败也不会一蹶不振，能够重新站起来继续追求成功。其实就是转变思路，把失败这一压力根源转变成信息源，而失败备忘录就是转变思路的支持工具。

此外，向别人倾诉压力产生的原因、接受客观的建议，也是一种处理方法。当然，跟朋友诉苦也是可以的，但最好采取更积极的态度，尝试接受专家的建议。

最后要说的是最积极的压力消除法，那就是保持乐观。不要觉得生活中全是坏事，下次说不定就有好事发生；不要只看到一个人的缺点，要善于发现别人的优点。能做到这一点，就可以说真正具备乐观力了。

以积极思考为目标

在相同的严酷环境下,以积极思考(positive thinking)的态度生活的人,所感受到的压力会比别人少很多。这是最有效的压力应对方式。许多创业家都是积极思考的人,否则不可能有如今的成就。创业是积极思考的人会自然而然选择的职业,成功时的收获固然很大,但风险也不小。在某种程度上,因前景不明而产生应激反应的人,其工作范围是很有限的,他们不得不选择大部分是常规事务的工作,否则一旦工作中充满不安和焦虑就会一直被压力困扰。

我们都希望成为积极思考的人,这一点应该是没有异议的。可是有人会说:"问题是怎样才能成为积极思考的人。"

的确,很多积极思考的人都是由乐观性格造就的,而不是刻意培养的能力。没有人一生下来就是乐观的,都是在成长环境中日渐熏陶才逐渐养成了乐观的气质。

那么,有没有主动变得积极思考的办法呢?

这是一个难题。但我认为,养成以"学习视角"来看待事物的习惯,算是一个办法。有这样一则小故事——两个便利店员工正从纸箱里取出商品摆在货架上，有人问员工 A：
"你在做什么？" A 的回答是："如你所见，我正在从纸箱里取出商品。"那人又问员工 B 同样的问题，B 的回答则是："我正在摆这种新商品，想试试看到底好不好卖。"可以看出，B 的行为属于积极思考，却又与单纯的乐观有所不同。他是有学习意识的，既可以简单地将在便利店打工当作体力劳动，也可以转换想法，将其视为脑力劳动。同样都是打工，B 和 A 从中的收获是完全不同的。像这样把所有的时间、经历、际遇当成"自己的学习时间和教材"，就是一种与压力战斗的积极方法。这是意志问题，而不是性格问题。

　　容易担心的人往往一到正式场合就掉链子，在这种情况下，可以通过彻底的准备来获得积极的态度。假设有一个人必须做一次很重要的演讲，而他担心自己不能讲好。这时，他应该写好演讲稿，反复推敲，计算实际用时，练习发言，再尽量询问别人的意见，做好彻底的准备。以让自己满意为目标的准备工作能够给你带来信心，一旦大功告成，就能再添自信。在这样信心不断叠加的过程中，成功的形象就会变得清晰而明确。换句话说，就是进行彻底准备，确保万无一失，通过努力来消除压力。这也可以说是一种风险管理。

以更长远的眼光来看，我们应该坚持锻炼"努力就能成功"的思维模式，同时积累实际经验。在瑞可利开发的职业适应性测验中，有一种名叫 R-CAP[①]的测验。该测验的分析结果中有一项数值化指标，称为"环境相关指标"（locus of control）。该指标检测的是人们对于自己身边发生的各种事情，究竟是觉得自己能够控制的程度高，还是觉得被他人或命运控制的程度高。例如，"你觉得政治能被一张选票的力量改变吗"是检测该指标的代表性问题。这是由心理学家朱利安·罗特最先提出的概念。调查结果显示，平均下来，美国人认为自己能够控制的倾向比日本人更强烈。当然，认为"努力就能成功"有时反而可能会引发应激反应，因为这样就得自己承担失败的后果，不能

---

① 瑞可利职业评估程序的简称。评估就业活动中的工作选择、公司选择及今后职业发展的自我发现与合适职业发现测验。从 140 种职业中选出合适工作的排位，通过报告书提交客观分析结果，指出"你是怎样的人"，再通过工作表深化自我分析，形成足以构建自我 PR 和志愿动机的内容。

归咎于命运了。然而，经过不懈的坚持和努力，毕竟是很可能成功的。这样的经验不断累积，就能进一步坚定自己的意志，也会成为积极的达成目标的动机。

战略性思维能够增强乐观力

下面再来重新整理一下关于乐观力的内容。对于消除压力,消极方法也是有效的。我们应该找到适合自己的方法,如放弃、忘记、归咎于他人、转换心情等。此外,偶尔也需要积极地直面压力。只需要转换思路,把压力根源当成自己的助力,压力就会变得不再可怕。

有的人性格乐观,很难感受到压力。这样的人暂且不论,其他人应该从战略角度直面压力,通过不断胜利来掌握高度的乐观力。经常失败、工作棘手、上司不给力、人际关系出麻烦等难关,都要以学习视角去跨越。只要逐渐积累这样的成功经验,即使是性格原本并不乐观的人,也能养成"努力就能成功"的积极思维。

将乐观力视为重要的录用标准

进入理想公司就职的大学生,在刚开始工作的时候,往往都会因现实与理想的差距而烦恼不已。如果不能跨过这道坎,就会遗憾地早早离职。但因为每日碰壁而气馁的人,是担不了大任的,即使去其他公司,恐怕也会再次受挫。

经济同友会的教育委员会以经营者为对象,针对当今年轻人的强项和弱项进行了问卷调查。结果显示,排在弱项第一位的是忍耐力,有 73.8% 的经营者达成了这一共识。在我看来,这一数据同时显示出缺乏乐观力的人的数量之多。此外,根据社会经济生产性本部的心理健康相关调查,在当前的工作者中,针对"经常想到死"这一条回答为"是"的人所占比例高达 5.5%。

对于压力,提前回避也好,正面处理也好,总而言之,高耐压性是必须具备的能力。企业乐意雇用的员工,应该有着丰富的竞争经验,遭遇小挫折时不会气馁,并且了解胜利和成功的乐趣。乐观力正是充满压力的现代社会所需要的能力。

年轻人在经营者眼中的"强项"

1	IT素养	81.7%
2	感性	47.9%
3	环境适应力	39.4%
4	国际性	34.0%
5	协调性	25.5%
6	表达力	23.7%
7	交流能力	17.6%
8	专业知识	9.0%
9	课题发现能力	5.6%
10	创造性	5.3%
11	挑战精神	5.3%

年轻人在经营者眼中的"弱项"

1	忍耐力	73.8%
2	问题解决能力	54.6%
3	作为市民的自觉	52.8%
4	课题发现能力	46.2%
5	挑战精神	45.9%
6	责任感	45.7%
7	逻辑思考力	45.1%
8	教养	36.8%
9	创造性	36.2%
10	交流能力	28.4%

表2.3 年轻人在经营者眼中的"强项"和"弱项"问卷调查

第 4 能力　目标发现力

定义	自己为工作制定目标的能力。通常是先发现问题，再以解决问题为目标
标准开发年龄	10～50 岁
缺少该能力的后果	变成待命族，看待问题浮于表面
相关能力	乐观力、持续学习力、专业构筑力

日语中有个词叫"待命族",指的是没有上司的指令就什么也不做的人。此外还有"待命一代"一词,用来揶揄那些依赖日程表的当代年轻人。这些年轻人一旦没有日程表,就什么也不会做了。以前有一档很受欢迎的电视节目,名叫《未来日记》,内容是让参演人员按照编剧的剧本安排体验恋爱。有人评价说,这个节目象征了当代年轻人的某种气质——不光是工作,甚至连恋爱都想按照别人写好的成功剧本进行。

然而,"待命族"绝非年轻人的专属特征。在公司内等待上司指令做事的中坚员工里,就有许多"待命族"。

变成"待命族"有多种原因,最大的原因就是在不接受下属意见和想法的上司手下工作,结果渐渐养成习惯。无数次提出"这样做怎么样"的意见,上司的态度却始终都是"按我说的做就行"。在这种情况下,无论是谁,恐怕都会放弃自己思考了。这就属于典型的上司不给力。还有一个原因,是在不知不觉间养成了过分回避失败的态度。为了不失败,就打算听从上司的指示,完全依赖日程表。如果是害怕处理人际关系的人,就会觉得与其提出自己的意见引起风波，不如随波逐流，这才是上策。

没有人希望成为"待命族"，但很多人可能还没发现，自己已经在不知不觉间成了"待命族"，失去了主动决定工作目标的能力。

企业要求个人"自立"

"自立"和"自我负责"都是企业对个人要求的关键词。这里的"自立"是指不事事依赖公司，能独立自主地考虑自己的职业发展。公司会确立的是企业前景和整体目标，而不会帮个人决定职业发展和工作目标，所以可以对照公司确立的企业前景、整体目标或部门目标，先自行考虑个人目标。

不久之前，其实还是由公司为个人制定目标的，只要超额完成这个目标，就算优秀员工。可是现在不一样了，员工需要自己思考并确立应该达成的目标。这就造成了业务环境的不透明，致使目标管理变得困难重重。因此，越来越多的公司让员工先考虑核定周期内的预期目标，然后与上司商量妥当，再定为必须完成的任务。

"梦想能量"与"问题发现技能"

有很多衡量目标大小的单位，比如从今天的小目标，到人生的大目标。

以某一工作期间的目标发现力为例，其实无论是制定大目标还是小目标，都要具备两种能力，即"源自梦想能量的动物精神"（后述）和"问题发现技能"。具备这两种能力的人，既能轻松设定今天的小目标，也能相对容易地确定人生的大目标。

你有梦想吗？

所谓梦想，是指希望能在未来实现的愿望。而以现实的、可能实现的方式落实的梦想，就是目标。目标一定要能落实到具体行动上才行。一个人若能实现梦想到目标、目标到行动的转换，就能拥有充满乐趣的人生。

可遗憾的是，没有梦想的人最近似乎变得越来越多了。

在以中学生为对象的调查中，针对"你对自己的未来抱有希望吗"这个问题，回答"抱有很大希望"的学生仅占29%（筑波大学2002年留学中心调查）。这样的回答反映出，由于下岗、企业舞弊事件等原因，学生对上班族的印象很坏，"上好大学、进好公司"这种单线型价值观正在崩溃。但与此同时，学生又描绘不出能够取代上班族的梦想，所以才会引发学习、就业热情低下的问题。因为没有梦想，所以无法制定学习目标。

成人恐怕也一样。日本有句俗话叫"人是放弃梦想的人后才长大的"，事实似乎的确如此。有无数人把怀揣梦想视为乳臭未干而不屑一顾。然而，无论到了多少岁，我们都不应该失去梦想。我认为，随着年龄增长而产生的梦想，会成为更强大的能量源泉。尽管如今经济低迷，很难描绘出一攫千金的梦想，但梦想并不仅限于发大财。只要诚实地正视自己的内心，就一定能发现可以当作目标的梦想。

贪欲创造目标

若能把巨大的梦想落实成具体的目标，人就会变得干劲十足、勇于挑战，行动也会变得积极起来。著名经济学家J.M.凯恩斯认为，资本主义是因积极主体——"动物精神"——在达成自己目标的贪欲下而形成的。构建起现代社会的正是源自"梦想能量"的目标达成行为。

正如前文提到的年轻人调查结果所示，如果人们没有梦想，进而没有目标，社会经济就会陷入停滞。日本当前的实情，便是尽管国家设立了大量的风险资本支援制度，可人们却已经失去了为社会作贡献的热情。这是多么悲哀啊。

丧失目标不仅关系到工作意义的迷失，如果一步踏错，甚至可能有让你的生活失去意义的危险（如果你一步踏错）。相反，如果一个人养成了追求目标的习惯，始终都有目标可供追逐，那么这个人也会积极地对待目标之外的事物。不用别人说什么，自己就能开始行动。

锻炼"问题发现技能"

来谈谈另一个能力——"问题发现技能"。这是一种可以通过反复练习来锻炼的技能,只要把"发现问题就解决"当成目标就行了。

发现问题的机制很简单,就是要发现"理想状态"与"现实状态"之间的"差距",然后把消除差距的具体策略和战术制定作为行动的目标就可以了。以自己的人生来说,"理想状态"就是"梦想";以业务而言,"理想状态"就是"公司、事业的前景和目标",而"公司、事业的前景和目标"是外界赋予的,只要做到理解即可。

对于现状,对于自己负责的工作,必须仔细分析。市面上有不少关于如何解决问题的技巧类书籍,介绍了用于分析商业现状的各种方法,一般主要是从成本(费用)和价值的观点进行分析的。由业务数据而产生的各种重要指标,应该能成为帮助我们把握现状的有力材料。

然后就是考虑如何缩短"理想状态"与"现实状态"之间的"差距"。相应工作期间内目标就是必须通过自身

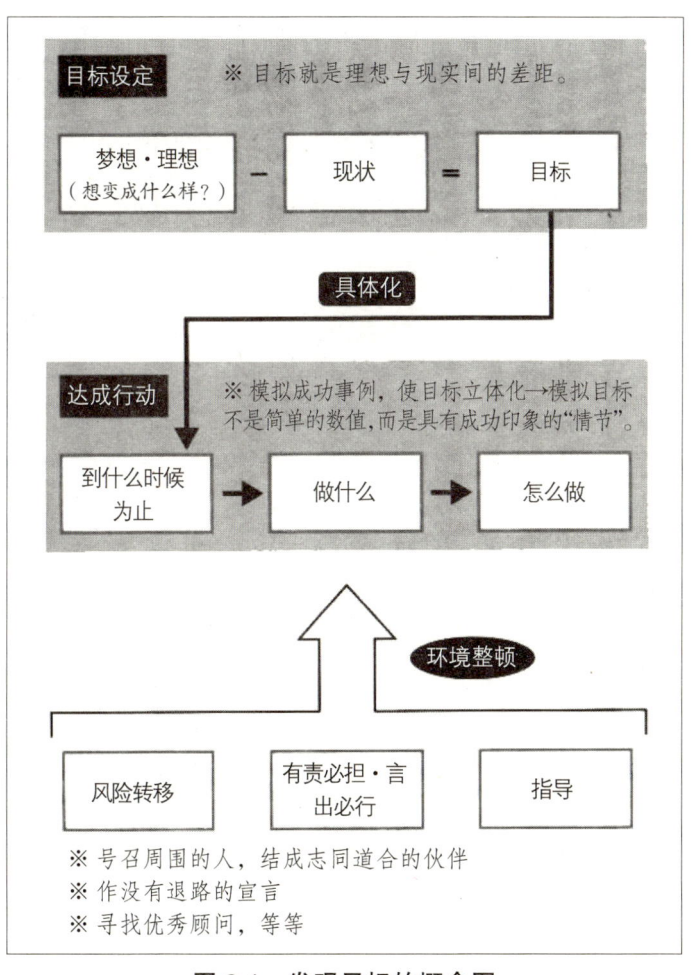

目标设定　※目标就是理想与现实间的差距。

梦想·理想（想变成什么样？） － 现状 ＝ 目标

具体化

达成行动　※模拟成功事例，使目标立体化→模拟目标不是简单的数值，而是具有成功印象的"情节"。

到什么时候为止 → 做什么 → 怎么做

环境整顿

风险转移　　有责必担·言出必行　　指导

※ 号召周围的人，结成志同道合的伙伴
※ 作没有退路的宣言
※ 寻找优秀顾问，等等

图 2.1　发现目标的概念图

行动缩短差距,以可能实现的形式加以落实。不要贪图省事,简单地追求把销售额提升百分之几,而是应该设定更本质的目标。一般来说,每半年或一年有一次设定工作目标的机会,这时就要考虑,自己应该在事业上做出什么样的成果才能符合期待,然后再着手"发现"目标。

提高目标发现力的技巧

"梦想能量"和"问题发现技能"都是很正式的能力,下面再来介绍一些比较简单的技巧。

1. 细碎的日程安排。最高效的技巧是改革日程表,把时间划分成多个小份,逐一确定要实现的目标。这与本质的目标发现并不一样,但能帮助我们养成在限定时间内完成工作的习惯。我以前同时进行多项工作的时候,就会把整个日程表划分成每30分钟一小份,定下每30分钟内完成一项工作的目标,然后在这段时间内彻底专注于一项工作。结果出乎意料地顺利,我不仅养成了设定目标的习惯,还养成了集中精力工作的习惯,提高了有条不紊地计划的能力,即使面对如山多的工作,也不会恐慌无措了。况且,每隔30分钟改变工作也能带来新鲜感。

2. 成功印象。想象成功的情节也是一个很有效的办法。越是大型工作,想象就越重要。也就是说,要事先预想工作如何展开,比如"像这样做的话,肯定就能怎样怎样,然后再……"——像这样先在工作前想象成功后收获的巨大成果、赢得众人喝彩的场景，在实际工作时就能干出气势，有时自然而然就知道自己该做什么。这与写剧本是很像的。人类的发展超不出自己的想象，经常想象自己理想中的状况，能为工作指引方向。

3. 活用上司。上司希望你能成为主动做事的自立型人才（表面上独断专行的上司，也只是管理手段拙劣而已，他其实是希望你能自立的）。你应该活用上司，与其一起思考自己应该完成的目标。与上司的关系很重要。希望你能记住"上司管理"这个词，只要能做到活用上司，不仅是目标发现力，就连掌握其他所有能力的难度都会变低。

营业部门的人已经习惯了设定目标，至于其他部门，很多人在工作时都没什么明确的目标。请确定目标吧，然后务必实现目标。只要把实现目标培养成理所当然的工作习惯，工作效率就会大大提升。

第 5 能力　持续学习力

定义	在必要时学习必要知识的习惯
标准开发年龄	20～40 岁
缺少该能力的后果	掌握的知识过时，跟不上新形势，知识量无法继续增加
相关能力	目标发现力、专业构筑力、传授力

也许有人会觉得："学习习惯也算得上能力？"我想说，这是很重要的能力，是人类进入知识社会以后，基于全新的能力观而发现的最重要的能力。

"能力"本就没有明确的定义，其含义始终随时代而变。例如，据说世界上第一个使用"能力"概念的人是柏拉图，而在他那个时代——即古希腊——的能力，指的就是言论力（雄辩术）。通过讲话直接向人们传达思想，以及在辩论中获胜，都是身为领袖的重要条件。而高度信息化的现代社会所要求的特殊能力，是随时收集新知识和新信息，在这些信息和知识的基础上独立自主地思考自己该做什么，并在强大的领导力下加以执行。持续学习力，是象征这个时代的能力。

30多年前，德鲁克博士使用"知识工作者"一词，预言了领导21世纪的人才形象。所谓知识工作者，是指能够独立自主地定义自己该做的事，并为此学习必要知识的人才。可以说，知识工作者正是同时具备"持续学习力"和前文介绍的第4能力——"目标发现力"——的人才。

然而在现实中，养成在必要时学习必要知识的习惯的人却少得惊人。

不学习的日本人

　　根据日本人学习时间的相关调查数据，有 39.7% 的高中生除上课外几乎不学习，而不学习的大学生更占了 47.5%（日本内阁府 2000 年第 2 次青少年生活与意识相关基本调查）。大学生之所以不学习，可能是由于作业、测验等强制性学习很少的缘故。因此有人提出批评，指出年轻人不愿意学习，学习能力已经明显变得低下。学生如此，社会人士又如何呢？调查结果显示，有 81.2% 的社会人士在下班后几乎不学习。由此可见，针对这一问题的批判不应仅限于年轻人，讨厌学习已经深深地植根在所有日本人的心底了。学习能力低下，以及"不喜欢学习"，成了学生和社会人士的共同特征。

■ 自愿学习与工作相关的新知识和新技能，已经着手准备考取资格证书的人所占比例（最近一个月）。

学习	不学习
18.8%	81.2%

↓

■ 学习方法（多选）

自己阅读书籍或课本学习	62.8%
向熟悉专业领域的人请教	24.1%
参加各种演讲会或研讨会	23.5%
通过民间的学校或讲座（包括企业主办）学习	12.5%
通过函授学习（不包括互联网）	8.0%
通过电视、收音机等视听讲座学习	7.7%
通过专科学校等各种学校学习	5.2%
通过都道府县或市町村主办的公开讲座学习	3.7%
通过互联网上的函授教育学习	3.5%
大学在籍学习	1.3%
通过职业训练学校学习	0.7%
通过大学的公开讲座学习	0.7%
通过在职研究生院、商学院学习	0.6%

■ 所用时间与合计费用（一个月）

＜时间＞ 平均 26.3 小时

＜费用＞ 平均 21435.6 日元

图 2.2　学习时间相关数据

从强制性学习到自主性学习

在中小学等尚未产生内在学习动机的阶段,学校会通过作业、测验等外部强制力来要求学生学习,以使其掌握扎实的基本学习能力。进入大学以后,就到了自主学习的阶段。这本来是理想的模式,但在宽松教育制度的影响下,中小学的课时遭到削减,强制性学习变少,而大学生还没来得及自主发现学习课题、掌握学习方法,就匆匆毕业了。这就是日本教育的悲惨现状。进入社会不久,在学生时代强制性学习的历史、自然科学、数学等知识就被忘得一干二净,出现"学习的剥落"。很遗憾,日本现行的教育体制正在制造大量没教养、不学习的成年人。

成年人之所以不学习,绝对不是认为没有必要。有 53.7% 的公司职员存在下岗的担忧,想过为工作而学习的人所占比例高达 82.3%(瑞可利 2002 年调查)。

不懂得学习方法

说到不学习的理由,一般人的回答都是"因为太忙""因为要花钱"等。但我对这些回答有些怀疑。因为时间并不是凭空出现的,而是创造出来的。懂得学习的人绝不会闲得无所事事,他们会灵活利用空闲时间学习。至于费用,国家也设有"教育训练给付金"这一优惠制度,只要加入雇用保险,就能得到20万日元的援助金,何况还有奖学金等多项制度。其实,除了上学费昂贵的学校,还有很多花钱很少的学习方法,比如自己看书或者旁听蹭课。

一言以蔽之,我认为,不学习的理由就是不懂得学习方法。

很多已经工作的人想要学习,却因为缺乏自主学习的经验,不知道该怎样学习,只能想到考取资格证书,或者读大学之类的,结果在漫无目的地考虑"什么资格认证好""哪所大学好"的过程中陷入忙碌的工作,最终一事无成。

另外还有一个原因,就是缺少享受学习过程和收获的经验。一说起学习,只能回忆起以前考试成绩差,知识向来死记硬背，除了应付考试再无用处，考试一结束就忘得一干二净。这些人从没享受过学习的快乐：比如领会了以前不明白的知识，感觉眼界豁然开朗；或是灵活运用学到的知识，赢得大家的好评。

不过话说回来，我还是希望你能在上大学时——也就是步入社会之前——积累这些经历。

将思维格式化

尽管在大学时代掌握持续学习力是比较理想的，但实际上，我也是直到三十多岁才养成学习的习惯。在那之前，我无论学什么都坚持不了多久，学习英语口语也多次受挫，每天所做的事几乎都跟学习毫无关系。

有一天，我突发奇想，做了一件事。

我决定"在一年内读完150本书"。之所以产生这个念头，是因为我读专业书籍或资料时根本看不进去，觉得这样可不行，就想从头开始锻炼自己的思维。于是，我打算把当时新出版的经济类书籍全看一遍，认为也许这样一来就能打下好的基础，再读以前看不懂的书就能理解了。

一年内读完150本书，说起来简单，实际做起来其实很难。一年150本，平均每个月13本，也就是大概两天就要读完1本。每读完一本，我就把书名写在日历上。有时到了月末还没看完13本，我就熬夜阅读。老实说，很多书的内容我都没记住，但一年以后，我的思维就像经过格式化一样，脑海里仿佛多了一个条理井然的笔记本，也可以说是就此打下了"基础",各种经济方面的知识彼此有了联系。从此以后,我再读经济类的报道,也能理解其中的背景了。

而且,我觉得这些书的内容与我原本的知识有了联系,好像规整成了一个个文件一样,井然有序。跟公司同事聊天时,说起经济类的新闻报道,我也能解释其中的背景,提出自己的意见了。如此一来,学习效率也得到了显著提高。我能从买回的书里挑出合适的内容,有选择地阅读;也能对信息作出自己的评价,比如"这个经济学家的评论没必要看"。

这样一来,学习也变成了一种享受。除了经济类书籍,我还阅读政治、文化类的书籍,并且正式开始阅读经营、劳动等方面的书籍。最终,我把自己的专业定位在了雇佣劳动和教育这一领域(详细情况将在第7能力一节再作交代),而这一切都建立在阅读打下的基础之上。我有时会想,幸亏当初强忍睡意,揉着惺忪睡眼熬夜坚持完成了看书的计划。

学习一开始是很辛苦的,关键在于能否坚持到学习变成享受的那一天。

学习的转移

一件事成功以后,再做第二件事就会变得非常简单。比如说,掌握了一门外语,再去学其他外语就不会很难了。

这种效果称为"学习的转移"。由于具备了"掌握外语"的窍门(基于程序记忆),所以再学习其他外语时,也能灵活运用这一窍门。我们平时遇见能说好几国外语的人,可能会认为他是天才,但实际上,这种人正是灵活运用了学习的转移效果。能做到这一点就是胜利。

遗憾的是,很多人在切实体会到学习的成果以前,就因遭受挫折而止步不前了。

养成学习习惯的关键

养成持续学习的习惯,有几个关键。

1. 精力集中。从一开始就应该集中精力学习,做好知识储备,打下坚实的基础框架。这个过程就像在头脑里创建知识的抽屉一样,如果不能下定决心开始,就永远也做不到这一点。随着年龄的增大,竭尽全力将变得越发困难,所以应该趁年轻时去做。如果不知道从什么地方着手,不妨从决定要读多少书开始。

2. 确定近期目标。短时间内很难切实体会到学习成果,容易遭受挫折,所以应该将目标的设定细化,并向别人宣布,这样就不会轻易放弃了。还可以在备忘录上记录学习进度,或者像我一样在日历上记录,督促自己每天持续学习。

3. 记住就立刻说出来。记住的知识如果不立刻重现,就容易忘掉,所以应该尽量在 24 小时内说出来。即使在工作中找不到立刻活用的场合,也可以对家人、朋友或同事说,每天都把自己记住的东西讲给他们听。这样做也许会给别人造成麻烦,但你所讲的内容如果能让对方怀着敬意去听,这件事就会变得很有意义。把记住的知识亲口说出来，并加以灵活运用，就能使其真正成为自己的东西。若能像这样掌握从学习到知识固化的过程，学习效果就能得到显著提高。

4. 确定是否习惯化。就算不用备忘录记录学习进度，也应该养成确认自己是否每天都在学习的习惯。如何挤出学习时间，能体现出一个人的个性。学习的习惯在生活中一旦扎根，应该就会形成一定的学习模式，例如乘车上班的时间一定会学习，或者早晨起床后一定会学习30分钟，等等。

5. 灵活运用，收获成果。学到的东西应该灵活运用到工作中，使你不断收获成果。如果能在工作中灵活运用，成为必不可少的条件，持续学习的习惯就算彻底养成了。

持续学习的习惯一旦养成，将成为你一生的财富。是进入完全不学习的81.2%的人群，还是进入另外18.8%的学习人群，两者的人生将有天壤之别。

第6能力 语境理解力

定义	在背景、语境不同的人之间协调意见的能力
标准开发年龄	20～50 岁
缺少该能力的后果	无法成为项目负责人
相关能力	反应力、人脉开拓力、委任力、商谈力、传授力

假设存在供应方 A 和销售方 B，你所任职的公司负责在二者之间斡旋。在这种情况下，当你需要把 A 的意向传达给 B 时，该怎么做？对于 A 所说的话，你必须充分理解其背景而不能仅仅停留在表面，在这个前提下告知 B，才能真正称得上是"传达"。也就是说，"传达"不是一字不差的简单转述，而是要正确理解语境，经过适当的"翻译"后再告知对方。这种能力称为"语境理解力"。A 和 B 的成长环境及所属公司完全不同，讲话风格和用语措辞可能也存在差别。要想在二者之间做好协调工作，就必须理解不同世界、不同年龄的人的语境，再转换成合适的说法。这样的能力是不可或缺的。

对于从各部门召集人手，共同实现一个目标的项目负责人，以及在营业部门需要应对顾客的人而言，这种能力尤为重要。

社会上有很多人，只知道对自己的理论夸夸其谈，却不能对别人的话进行折中。而业务交流恰恰需要寻找自己与别人所说的共同点，设法针对不同的部分作出调整。可有的人从一开始就没打算寻找共同点，只举出表面差异，然后觉得自己和对方不一样，直接陷入感情用事的泥沼。很多人具备优秀的专业技能，却毫无语境理解力，结果发挥不出自己的才能。每次遇见这样的人，我就觉得无比惋惜。

人与人之间若想相互理解、产生共鸣，就需要理解对方语言背后的社会背景、固有语境等因素。

语境理解力的支柱

这个能力依靠三股力量支撑，分别是：感情控制力，逻辑思考力，表达能力。

同对方交谈，沟通意见，首先有个大前提，就是需要控制自己的情绪。如果一遇见不称心的事就突然发怒，给别人脸色看，是不可能跟对方产生共鸣的。换句话说，就是必须具备客观审视自身的冷静。

逻辑思考力是分解语言并加以重整所必备的能力。所谓理解语境，就是解开语言之间千头万绪的过程，所以没有较强的逻辑思考力是不行的。

而要把分析透彻的逻辑用适当的语言组织起来，传达给对方，就需要具备良好的表达能力。

不妨在开会的场合，试着把会议内容录音，再转化成文字写出来，这样就能检验自己是否具备这些能力。例如，假设几个人准备通过开会对一项重要议案得出结论，这时就可以把交谈的整个过程录音。语境理解力低的人，即使话很多，在会议上滔滔不绝，但与议题有关的重要发言却往往少得可怜。在这种情况下,这样的人也许会通过脸上的表情或口头随声附和,若无其事地表现出参加讨论的模样,但实际上,他们起不到什么作用。

我曾做过很久的编辑工作,经常负责组织座谈会,在这个过程中我就发现,如果出席的不都是有能力的人,那么在会议总结的时候,就会有些人像消失了一般。或许,这些人根本就不想参加吧。

积累与语境不同的人沟通的经验

那么,应该怎样锻炼语境理解力呢?

关键在于跟语境不同的人多交流。每天与关系好的朋友、同事和家人交谈并不能锻炼语境理解力,因为你和这些人拥有同样的生活和工作,不用特意解释,简单一句话就能觉察彼此的心意,所以你会习惯这种轻松简洁的交流氛围。

而这样的结果,就是让你能在朋友面前侃侃而谈,却无法跟初次见面的人顺畅交流。

相反,如果与不同年龄、不同专业领域、不同国籍的人频繁交谈,语境理解力就能自然而然地得到锻炼。无论如何都要理解对方的想法,无论如何都要让对方理解自己的想法,然后拉近彼此之间的距离。在这样不断积累交流经验的过程中,语境理解力就能得到很好的锻炼。

代　沟

下面我们具体研究一下"代沟"。在年龄差距较大的上司和部下之间，交流往往很困难，这是由于双方成长的社会环境不同，导致工作观、公司与个人之间的关系等背景也有所不同。请看表2.4，该表归纳了入职年份不同的人的工作观、公司观的差异。

例如，"全共斗一代"（1968~1973年入职）的人，他们的工作都是国家分配的，工作在他们心里占有绝对比重，他们立志在别无选择的工作中体现个人价值。这些人从小接受的是灭私奉公的教育，对于他们而言，公司就是社会，在这个社会里好好干是最重要的，脱离公司意味着是差生或叛徒。

与之相反，"就业协议废止一代"（1998年以后入职）渴望做能够体现自身价值的工作，如果可能的话，他们希望把自己的爱好当成工作。他们的社会观念相对而言比较淡薄，对公司整体并不关心，只与自己职场周围的同事或工作之外的朋友在一起，构成自己的小社会。无论什么人或事，只要没有进入自己的小圈子，他们就毫不关心。

就是这些工作观、公司观如此不同的人，以上司和部下的关系，在同一个职场工作着。如果双方不能同时发挥较强的语境理解力，这个职场就会变成心意不通的组织。上司觉得："搞不懂这帮家伙在想什么，太散漫了，人事部怎么会雇用这样的新人？"部下则觉得："就算跟那个上司好好商量，恐怕也解决不了问题，而且根本谈不到一起去，连交谈的兴趣都没有。还是把自己的事情做好就行了。"

不过，在"全共斗一代"和"就业协议废止一代"间，如果有"泡沫一代"加以协调的话，这个职场还是能勉强维持一体感的。

		各代人的背景	各代人的组织观和工作观（概念图）在个体人生中，工作、公司和私事的关系
全共斗一代 别名"团块世代"。以集体的形式在社会上活动，伴随经济高度增长度过企业生活的一代人。	出生	1945~1950年	·对于个人而言，"公司"是最重要的，是人生的核心。 ·"工作"处于"公司"的范围内，不存在"公司"以外的"工作"。对于这一代人而言，"私事"处于人生最底层，比重极小。
	入职	1968~1973年	
石油危机一代 入职时受到石油危机的影响，了解油价飙升危害的一代人。	出生	1951~1955年	
	入职	1974~1978年	

（续前表）

各代人的背景			各代人的组织观和工作观（概念图）在个体人生中，工作、公司和私事的关系	
日本 No.1 一代 教育水平高，在日本经济状况最好的时候入职，受经济景气价值观支配最明显的一代人。	出生	1956～1959年	公司 工作 私事	·"公司"仍是人生的核心，但"工作"稍稍脱离"公司"，地位略有提升。 ·"私事"地位提升，同时比重增大。 ·"工作"和"私事"依然分离。
	入职	1979～1982年		
共同初试一代 与上一代人相似。这一代人最明显的特征是共同初试政策出台所引发的偏差值教育风潮。	出生	1960～1964年		
	入职	1983～1987年		
泡沫一代 大学时代以及刚步入社会的20～30岁的大半段时间都在泡沫经济中度过的一代人。	出生	1965～1969年	理想的私事 工作 现实 公司	·"公司"的重要性不变，比重略微变小，但地位降至最低。"工作"进一步脱离"公司"。 ·"私事"比重增大，"理想的私事"比重变得更大，地位更高，希望完全脱离"公司"。
	入职	1988～1992年		
泡沫崩坏一代 别名"团块二代"。应试竞争激化，20～30岁的大半段时间都在泡沫经济崩溃后的不景气状况中度过的一代人。	出生	1970～1974年	私事 工作 公司	·"公司"比重略微变小，轮廓模糊，地位依然最低。 ·"工作"和"私事"的重要性变大，比重比"公司"稍大，双方出现重合部分。 ·出现新领域——与"公司"不重合而与"私事"重合的"工作"。
	入职	1993～1997年		
就业协议废止一代 虽然少子化导致竞争率降低，但要直面就业协议废止、就业信息网络化等就业活动变化的一代人。	出生	1975～1979年	工作 私事 公司	·"公司"比重变得更小，轮廓淡薄，地位依然最低。 ·个人生的核心变为"工作"，与"私事"的重合部分变大。相对而言，"工作"的地位更高。
	入职	1998～2002年		

表 2.4　各代大学毕业社会人的组织观和工作观

想象对方的发言背景

在营业中接待顾客时，如果只能理解顾客话中的表面意思，就称不上是好的营业员。要思考对方"为什么说"，而不仅是"说了什么"。

顾客所属行业的经营环境如何？顾客面临的经营课题是什么？顾客有着怎样的公司风气和价值观？这些问题都需要仔细思考，探究顾客隐藏在表面语言背后的心情和需求。如果可能的话，应该事先作好准备，想象"这位顾客现在肯定想这样做""谈到这个程度应该差不多了吧"，等等，即使顾客不直接说出类似的话，也要若无其事地尝试打探。这样一来，就能得到"这是个明白人，可以信赖"的评价。

仅仅通过表面语言是不可能理解全部内容的。话中没有透露的部分，就要通过背景去想象，做到"深思熟虑"。据说，日本服务业的强大之处，就在于这种"深思熟虑力"。例如你去住店，如果需要什么东西，就算不说出口，旅馆的老板娘也会若无其事地主动提供。如此关心他人的人，自然能成为值得信赖的生意伙伴。

养成整理论点的习惯

若想提高语境理解力,另一个推荐的方法是制作"论点整理单"。

养成开会前归纳出一张简单备忘录的习惯。例如,会议的论点是什么?每个人希望得出怎样的结论?能设想出哪些提问?等等。

在上一次开会时,记下不同意见的要点、各人的核心主张及提问等内容,再将本次会议的资料与其对照,预想会议的进展。只要事先做好设想,有所准备,遇到问题就能冷静、恰当地作出回应。

本来,只要事先整理出会议的论点,开会时就不会纠缠于琐碎的讨论,而能够进行触及问题本质的讨论,但如果参加会议的人都不擅长讨论,就会迅速跑题。所以,你可以制作论点整理单分发给其他人,或者拿在自己手里主持讨论。

积累这样的经验,有助于能力的提高。

在谈判场合不可或缺的能力

换言之,语境理解力就是在理解对方心情的基础上将自己的主张明确地传达给对方,并且圆满地得出结论的能力。这种能力能够得到最大限度发挥的场合就是谈判场合。普遍观点认为,日本人并不擅长谈判。跟外国人谈判,是与语境、背景都不相同的人进行交流,可日本人采取的对策却基本毫无变化。

请尽可能多与语境不同的人交流,积累经验,并在各种场合整理出各种论点,这样就能很好地锻炼语境理解力。

第7能力 专业构筑力

定义	有计划地构建自身独特强项的能力
标准开发年龄	30～50岁
缺少该能力的后果	过了40岁，仍然对任何事都缺乏自信
相关能力	乐观力、持续学习力、人脉开拓力、传授力

过了 30 岁，所有人都会面对一个工作上的课题——如何构建自己的专业性？

就算担任管理职务，也是需要专业性的。以前经常用 T 字型、V 字型来形容人，其中 T 字的竖和 V 字的凹陷部分代表专业性，T 字的横和 V 字的扩展部分代表不局限于专业性的宽泛的工作能力。也就是说，既专业又不是书呆子的人，才是理想的人才形象。

实际上，专业性发展到极致，就会衍生出某种普遍性。营业部门和生产部门尽管价值观并不相同，但真正的专业同行是气脉相通的。设计者也好，研究开发者也好，技能者也好，专家中的专家就算去做营业，也是一流的。

然而，这样的专业性并不是从事相应领域的工作就能自然而然地掌握，而是需要下定决心，确定自己中意的专业并立志磨炼，并且制订非常细致的计划才行。

选择什么领域作为自己的专业？

首先必须做的，就是确定自己的专业领域。恐怕很多人还在犹豫不决吧？

选择标准有如下几个：

1. 尽量选择已经积累大量经验的领域。显而易见，比起毫无实践经验的领域，已经在某种程度上具有实际业务经验的领域更适合。不过，这可不是绝对条件。如果因为某种原因，有经验的领域不能作为自己的专业，那么也可以重新寻找其他领域。在这种情况下，公司内部是否存在能灵活运用（学习）该专业的部署——例如内部调动——将成为很重要的条件。一种工作，如果想象不出积累实际业务经验的前景，那这条道路就是很危险的。

2. 要弄清楚在公司内部是否存在被估价的可能性，在社会上是否存在高需求。这里所说的专业，是要灵活运用到工作中的，所以需要确定公司内部是否存在可供该专业发挥的可能性。你所在的公司今后需要哪种专业？公司内部是否有足够多的这类人才？这些问题都应该提前考虑。请关注这样的工作——公司内部人才不足，正在从外界招揽人才。

3. 选择能在相对较短的时间内达到一定水平的领域。想以专家的身份赚钱，必须达到相当高的水平才行。请尽量避开那些需要10年甚至20年时间才能独当一面的专业领域。什么专业能以最小的努力获得最大的成果？请以这样的视角来寻找合适的专业。

4. 能想象出自己享受该领域工作的模样。人是存在职务适应性的，所以不要选择那些不适合自己的领域。不擅长处理数字、不喜欢过于琐碎细致工作的人，即使以成为会计专家为目标，也不会顺利。不妨趁这个机会，试着检验一下自己的职务适应性。

我的专业选择

我 30 岁的时候，也曾考虑过构建自己的专业领域，而且对选择哪个领域作为自己的专业，才能在今后的人生道路上获益进行了大量的思考。

我迄今做过编辑和撰稿工作，但这两个领域都被我早早舍弃了。原因在于，就算做得不错，我也想象不出自己能达到一流水平。还有一个原因，就是随着年龄的增长，人的感性会变得迟钝，我觉得自己在这方面的能力已经不行了。当然，其实也有办法根据年龄发挥相应的能力，并不是上了年纪就一定不行，但就算选择这个工作，我觉得自己也成不了顶级专家。幸运的是，我有机会接触一些著名的撰稿人和编辑，可能是因为近距离地观察过那些人，知道自己一定赢不了他们，所以就断了念想。

既然不能选择已经有经验的领域，只好开始寻找公司及社会需要的其他职业。于是，我想到了"在公司内最精通雇佣劳动问题"和"能从大局上剖析观光旅游"这两个方案。

根据以往的经验，我知道自己不是操作型，而是计划型的人。因此，我觉得自己适合那种由别人负责把计划变成现实的工作。于是我作出决定，目标就是负责创意并设计各种领域的上游进程。

我所属的瑞可利，是一家对于人才知之甚详的公司，但在当时，公司里还没有人能从整体上阐述雇佣劳动问题。然而以瑞可利的情况而言，还是应该有一位这样的专家的。于是，我就想尝试挑战一下。当时我还在计划创办名为 *Jalan* 的旅游杂志，这也是我认为对今后大有必要而作出的选择。

我先去了书店，买了很多这两个领域的相关书籍。结果发现，与其说这两个领域有很多专家，不如说这两个领域的人才还很稀少。劳动经济学当时还是一门很土气的学问，没有多少人关注，而且日本当时的失业率还不高，评论家和政治家里也没几个人对这一领域有深刻理解。观光旅游也一样，尚未正式作为旅游学而得到认可，旅游政策在所有政策里也不是很重要。于是，我得出了结论：今后竭尽所能致力于这两个领域，说不定就能有所建树！

最后，我主动申请调到了人才综合服务事业的规划部门，从事为就业和跳槽创造新流程的工作。当时正值"就业协议废止"这一巨大变革时期，我有幸投入到了对应届毕业生进行彻底改革的工作当中。而且，我把家迁到了现在的热海，近距离感受到了旅游业的实际情况，起草并创立了帮助振兴地区旅游业的地区活力事业部，并在其中兼职，就这样实现了在两个领域成为专家的可能。

最终，我成立了职业研究所这一针对雇佣劳动问题的机构，决定把该领域作为自己的专业加以磨炼。

兼顾理论和实践

构筑专业领域的重要原则是"理论和实践两方面要平均深化"。只有做到既能将理论运用到实际,又能从理论上说明实践经验,才称得上专业。实践只能通过实际业务经验积累,理论则可以通过读大学或研究生院来学习,或者以阅读专业书籍等形式自学。况且还有相关的资格认证,以取得资格证书为目标来学习也是可以的。

关键在于"两方面"都要兼顾。正如第一章指出的,只有资格证书和理论是不够的。相反,无论拥有多少实际业务经验,如果不能通过语言进行条理清晰的说明,就不能把自己的经验传授给别人,也无法争取到新业务。

我的专业构筑完全是以知识为先锋,再通过人事调动和成立新组织积累实践经验,然后又学习更多的理论。通过这样的反复运作,在相对较短的时间内就能达到一定水平。

通过笔记联系理论与实践

对于提高理论与实践，记笔记能起到重要作用。除了可以在笔记本上记录在实践中遇到的疑点或重点，还可以记下向专家咨询的内容、读书心得、想在实践中尝试的内容等。

记笔记的过程，相当于把实际动手操作的行为暂时转变成语言，所以这一过程本身就有助于理论化。只要经验和语言两方面同时积累，就能较为顺畅地实现理论和实践两方面的深化。

我目前灵活利用的笔记有三种。一种是开会时携带的论点整理单（参照"语境理解力"一节）；还有一种是手册大小的笔记本，当我遇到感兴趣的专业信息时，就会当场记在这个笔记本上；最后一种是 A4 尺寸的大笔记本，用来在学习理论时通过将知识图表化加以整理，或者回顾实践内容，将其转化成语言写下来。

若想提高专业水平，灵活利用笔记是一大关键。其中，将实践进行理论化整理、图表化归纳的笔记本，是专业构筑最得力的助手。

专家不知者为罪

确定自己的专业领域之后,肩头就压上了一副重担,迫使你"必须了解"该领域的一切。

比如说,你想出了一个新创意,但这个创意也许以前有人提出过。如果你不了解这一点,贸然地把这个创意当作自己的原创公布于众,就会被视为剽窃,给自己带来莫大的耻辱。

写学术论文[1]也一样,必须先了解前人的研究进行到了什么程度,否则不能把自己的学术成果写成论文。所谓新知识,绝不是凭空突然想出来的,而是在以前的基础上累积得来的。因此,我们必须对现有知识有所了解,否则什么也做不成。

此外,我们还必须了解社会上的相关新闻和事件。如果有人问你对某条新闻有何看法,你却一无所知,那就称

---

[1] 除了实际业务经验和工作业绩,如果还能创造出学术业绩,就能表现出更强的专业性。想做到这一点,可以参加专业领域的相关学会,或者向附带同行评审的学会杂志投稿。此外,独自创作一本书出版也算业绩。

不上专家了。

一旦确定专业领域,就要养成每天查阅报刊的相关报道和专业杂志的重要报道的习惯,这是一种"义务"。

①人力资本管理力	1-1 人才评估与培养力
	1-2 人才管理能力
	1-3 人才招揽力
	1-4 裁员技巧
②有形资产管理力	2-1 采购力
	2-2 库存管理力
	2-3 设备管理力
	2-4 不动产管理力
③无形资产管理力	3-1 信息系统管理力
	3-2 数据库管理力
	3-3 专利、著作权、商标管理力
	3-4 技巧、知识管理力
④财务综合管理力	4-1 金融资产评估力
	4-2 资产负债表管理力
	4-3 资金募集技巧
	4-4 资产压缩技巧
⑤现金流量管理力	5-1 税务知识
	5-2 成本结构分析与改革力
	5-3 现金流量分析与计划力
	5-4 P/L 管理力

（续前表）

⑥企业评估与组织化能力	6-1	企业评估力
	6-2	业务流程分析与构筑力
	6-3	流程管理与指挥力
	6-4	经营计划制订力
⑦业务开发力	7-1	市场、渠道开发力
	7-2	服务革新力
	7-3	商品、服务开发力
	7-4	技术开发力
⑧ M&A[①]推进力	8-1	补充企业与企业收购技巧
	8-2	营业转让与企业出售技巧
	8-3	企业统合与兼并技巧
	8-4	公司拆分技巧
⑨CSR推进力 （企业社会责任）	9-1	守法经营（合规）技巧
	9-2	社会营销力
	9-3	企业统括（管理）技巧
	9-4	资本政策技巧
⑩公关力	10-1	前景构建技巧
	10-2	公司内部公关技巧
	10-3	IR[②]技巧
	10-4	品牌管理力

表 2.5　企业经营专家需要具备的主要能力

[①] Mergers and Acquisitions 的缩写，即企业并购。——译者注
[②] Investor Relations 的缩写，即投资者关系。——译者注

不可缺少的专家关系网

与其他专家建立人际关系网也是专业构筑的一大关键，因为信息除了公开信息，还有通过人际关系网传递的私密信息。若想了解某个事件的内情，就需要与其他专家协商解决。

实践经验、系统理论、该领域内的专家关系网，当这三点齐备的时候，你就可以大声宣布："这是我的专业领域！"

你可能觉得要走到这一步太难了，但实际上，只要努力就一定能做到。

关键在于，你是否能做到发愤图强？

第8能力 人脉开拓力

定义	开拓业务伙伴或信息来源,并与之维持关系的能力
标准开发年龄	30~60岁
缺少该能力的后果	摘去头衔则一事难成
相关能力	亲和力、语境理解力、专业构筑力、委任力

开拓工作必需的信息来源，寻找能一起工作的伙伴——这样的能力非常重要，想必没人会对这一点存有异议。可实际上，很多人只把目光投向直接交易方和公司内部，到了关键时刻，往往很难建立起必要的人脉网络。

随着年龄的增长，人脉将变得越发重要。毫不夸张地说，在公司外部没有人脉是做不好工作的。一条人脉很可能会严重左右业务方向，所以当职务到了某个层次，人脉就成了必需品。一个公司的董事长没有人脉？简直是天方夜谭。此外，年轻时如果在公司外部拓展社交网络，由于对方大多同样是年轻人，没有什么力量，就算其中有人能在未来变得格外优秀，也只是极少的一部分，所以此时的人脉开拓力并不算特别重要。而一旦过了30岁，开始担任一定的职务，专业领域也已确定，这时才到了形成人脉的重要时期。

那么，怎样才能拓展人脉呢？拓展人脉就是形成人际关系，所以当然要懂礼貌、讲礼仪，对待工作和约定要诚实守信。除此之外，还需要具备哪些能力呢？想跟难得遇见的人发展并维持可以称为人脉的关系，需要展开哪些行动呢？请仔细思考一下。

首先要见想见的人

所谓人脉，并不是说与全日本、全世界的人关系都好就可以。对方是否拥有工作需要的信息？能不能成为工作上的伙伴？对于提高自己的品性和教养有无帮助？在这几点上如果得不到肯定的答案，就毫无意义。

说起形成人脉，你可能会立刻联想到不同行业的交流会之类的场合。但那样的场合过于杂乱，鱼龙混杂，称不上是形成人脉的高效场合，我并不推荐。

从战略性的角度出发，主动去见自己想见的人，发展并维持关系，这才是我推荐的方式。我以前做的编辑工作，是形成人脉的绝佳职场。自己想见什么人，就可以针对那个人制订采访计划，然后直接去见就行了。采访之前应该作好准备，提前阅读对方的著作或了解其主张，考虑好要提问的问题，以及要传达给对方的想法。只要能做到这一点，编辑就是一种很有趣的工作。看见那些苦着脸工作的后辈编辑，我经常这样说："这工作多有趣啊，开心点儿吧。"

除了编辑，就算从事经营部门的职务，也可以设法去见自己想见的人。另外，还可以积极申请成为学习会或某些活动的干事，把自己想见的人请来当讲师或嘉宾。

去听演讲也是一个好机会，但在演讲结束之后，通过多对一的形式交换名片或交谈所形成的关系，很难称得上是人脉。在这种情况下，应该尽量寻找人少的时机，设法创造能够长谈的机会。

去见想见的人，并且持续跟进——这是形成人脉的最清晰的流程。关键在于创造见面的机会，以及有付诸行动的能力。

梅开二度

想跟见过一次面的人继续维持关系,该怎么办呢?最重要的一点是"梅开二度"。

打个比方。你第一次去一家寿司店,觉得那里的东西很好吃,想成为常客,该怎么办?当然应该马上再去一次,并且告诉店主"我很喜欢这里的口味,所以又来了"。像这样继"第一次"之后立刻再去一次,就是我所谓的"梅开二度"。从第三次起,你就称得上是"常客"了。人际关系也一样。第一次见面时聊得再愉快,如果搁置一段时间,关系也会迅速冷却。

所以说,应该找个理由再见一次面。

可能的话,最好在初次见面时就铺垫好下次见面的理由,如果没有事先铺垫,也可以叫上彼此共同的朋友聚餐。而且既然是第二次见面,去参加对方主讲的学习会或演讲会也不算唐突了。还可以准备一些对方感兴趣的信息,也能借此加深关系。营业员在初次拜访客户时,往往要让客户提出某些自己无法当场解答的疑问,这也是在制造"梅开二度"的机会。只要在短时间内见两次面，对方就能把你的长相和名字对上号，这样就记住你了。当然，初次见面后的第二天和第二次见面之前，要记得用电邮联系对方，这样的礼貌态度是不可少的。

介绍给第三方是加深关系的有效技巧

为了加深人际关系，可以把你的朋友介绍给对方，或者把对方介绍给你的朋友。

例如，你可以从现有的人脉里找出对你想结交的人有帮助的人，介绍给对方认识。顺利的话，人际关系就会从一对一变成三人关系。

经常有编辑和报刊记者托我介绍合适的采访对象，或是推荐人选担任研究会、审议会的委员。我介绍的人联系对方时，自然会说"我是大久保先生介绍的"。这样一来，尽管我并未直接参与其中，但人是我推荐的，得到的评价也会直接反馈给我。

社会学的"纽带"理论已经证明，这种缔结人际关系的方法是有效的。假设有A、B、C三人，如果A和B、A和C分别有着很强的纽带关系（频繁会面，推心置腹），则B和C也会逐渐结成纽带关系。如果我介绍的人和对方结成友好关系，那么我本人和对方的关系也能得到深化。

> 从"很少见面的人"(弱纽带)身上,能比"经常见面的人"身上(强纽带)得到更多的有用信息。

※ 处于"强纽带"关系中的人,已经共享信息的可能性很大,而处于"弱纽带"关系中的人,得到新信息的可能性更大。
（斯坦福大学马克·格拉诺维特教授的理论）

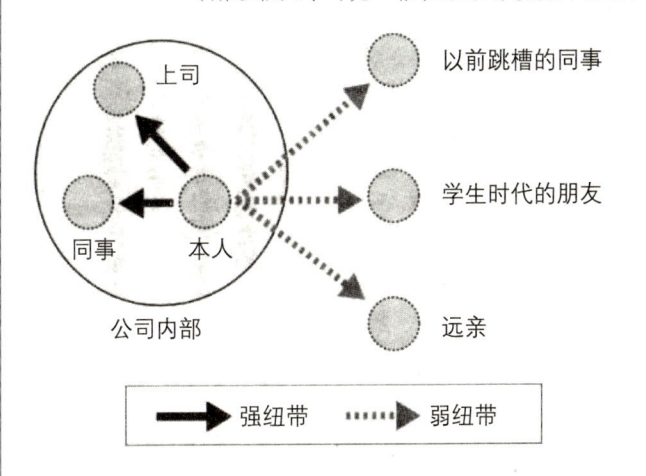

```
        上司                    以前跳槽的同事
          ↑
          │
    ←─────                      学生时代的朋友
   同事    本人
                                远亲
   公司内部

   ──────▶ 强纽带    ┄┄┄┄▶ 弱纽带
```

- 以通过私人接触得到招聘信息的人为对象,调查其与对方的接触关系,结果如下:

    "频繁"（每周两次以上）   17%
    "偶尔"   56%
    "很少"   28%

图 2.3 对跳槽也有效的"弱纽带"

怀着无私付出的心态

前面所说的内容，都是关于"狙击式"的人脉开拓，下面再说说拓展人脉的一般方法。

人们常用"付出与回报"来形容人际关系。总是单方面获取信息的话，关系并不能维持长久。俗话说，好心必有好报。不要过于追求短期利益，应该尽量多向对方付出，这才是开拓人脉的关键。否则，等你真需要帮助的时候就来不及了。只有平时怀着无私付出的心态来开拓人脉，关键时刻才能得到别人的帮助。

尤其是关于信息，你应该使自己成为宝贵的信息源。换句话说，你必须锻炼自己的信息提供力。如果你能成为信息的"连接点"，其他信息自然也会向你汇聚，人际关系网也能随之建立。可以说，在这一点上，公司内部人脉也是一样的，人们会自然而然地聚在持有并提供信息的人身边。

不要吝啬交际费和饮食费

我指的并不是公司提供的交际接待费,而是从你的个人收入中支出的交际费。存钱当然不是坏事,但在二三十岁的时候,最好还是把钱用来自我投资。除了必要的购书费用,跟人见面吃饭喝酒的经费不能吝啬。

日式料理也好,法国菜也好,意大利菜也好,必须知道几家可口的店,便于自己请客时派上用场。想要找到味道好的餐厅并成为常客,只能经常去吃,这样肯定要花不少钱,但这些钱是必要的自我投资。

在个人主页上进行自我介绍

与人会面之前,必须尽可能地调查并了解对方。同样,设法让对方轻松地了解自己也很重要。

创建自我介绍的个人主页,对于人脉形成也是有帮助的。在个人主页上透露自己的专业性、业绩、爱好等私人信息,可以让对方提前对你有所了解,见面时就有话题可聊。还可以把网址写在名片上,说不定对方下次就会上网了解你。在会面的时间内只能传达有限的内容,所以借助网络工具是很有效的办法。

幸运的是,我可以借助研究所的主页向大家进行自我介绍。不能利用公司主页的人,可以创建个人主页,把网址写在名片上。就我的情况来说,我还会把自己写的书送给对方,这样做很方便。而且无论是什么书,字里行间都能体现出作者的为人,很适合用作自我介绍。

停止加班，空出时间

对于开拓人脉来说，还有一件事很重要，那就是尽量不要加班。晚上的时间应该用来跟公司外部的人交换信息，或者提高自己获取信息的能力。你可能觉得这是办不到的。如果从一开始就指望并且习惯加班，工作效率就会降低。若能下定决心，无论如何都要在五六点钟之前结束工作，那么只要不是没有限制时间的弹性工作，你就能最大限度地减少加班，甚至完全不加班。

兼顾育儿和工作的女性会在下班之前拼命工作，然后准点下班接孩子。如果实在做不完，就把工作带回家，哄孩子睡着以后再做。她们比那些主动加班的人看起来更能集中精力。

我在快到40岁的时候，也开始决定把晚上的时间用来学习或会客，尽力避免加班，没做完的工作留到深夜或周六补上。

想做到持之以恒并取得成果，充实自己是必不可少的。就像一台工作的机器，要做大量的功，向外输出的部分必须通过充电填补，否则机器终将失去动力。充实自己的最好办法就是直接向别人请教，得到尚未失真的第一手信息。

第9能力 委任力

定义	把工作托付给别人的能力
标准开发年龄	30～50岁
缺少该能力的后果	所有工作都自己承担，无法肩负重任
相关能力	语境理解力、人脉开拓力、传授力、协调力

工作中的人大体上可以分为两种，一种是"被人驱使的人"，一种是"驱使别人的人"。两者的区别在于：一种人是自己付出劳动，实现主要成果；另一种人则是把工作交给别人，自己坐享其成。

也许有人认为自己属于专业人士，所以没必要具备驱使别人工作的能力。这种想法是错误的，这跟你现在是管理人员还是专业人员毫无关系。当然，如果身居管理职位，那么驱使别人工作是必备条件。但就算是专业人员，驱使别人工作的情况也是很常见的。就算不是部门领导，若想完成大型项目也要依靠团队合作，而在这种情况下，肯定会出现需要把工作交给别人完成的场合。

一般来说，这种委任力是在企业组织里掌握的。过了30岁，开始担任初级管理职务，手底下一般都会有一两个部下。这一阶段是养成委任力的最佳时期。在20多岁的时候，如果能经常把工作委派给后辈做，积累这方面的经验，就能达到热身的效果。然而，最近很少有公司雇用应届毕业生，不少人在同一个职位上做到30多岁，手下还没有一个后辈可用，所以没机会培养委任力，就算升到管理职位，也不善于把工作交给别人做。这样的例子正变得越来越多。

一个人如果始终不能掌握委任力，就无法肩负重任，因为他只能在十分有限的范围内实现成果。在以前那个经济高速增长的时代，企业组织变得越来越大型化，很多人在毫无准备的情况下，就被委任为二三十人的团队的领导，不得不把工作交给别人做。如今，那个组织扩大的时代已经结束，所以需要有意识地培养委任力了。

事实上，想要掌握委任力，所有人都必须跨越一道障碍，我称之为"恶魔之声"。我们必须赶走盘踞在心中的"恶魔之声"，这是获得委任力的最大关键。

接下来具体说明。

"自己做更快"的恶魔之声

你有没有这样想过?

一般来说,向别人解释清楚并委托一份工作,不如自己做来得快。结果就逐渐成了习惯,为了避免麻烦而自己做。况且把工作交给别人做,可能免不了要看对方的臭脸。有时别人做得不够好,还得自己重新做一遍。当你考虑这些事的时候,恶魔之声就会悄然响起。

一开始自己做确实方便,但渐渐就行不通了。比方说,你第一次成为团队领导,手下只有一个后辈可用,他的工作水平确实比你低。一开始你让后辈做事,免不了自己承担失败的后果,只好加班把工作重新做完。但下一次呢?可能要负责一个大项目,增添两名新成员。最后,你还是不得不自己承担所有人的工作,一直忙到深夜,过度疲劳之下连干劲也会丧失。这或许是不到35岁的业务员的普遍状态——彻底的"负担过重"状态。下一次,当你成为人数更多的团队的领导(科长级别)时,工作量就会超出自己善后的极限,结果自然漏洞百出。于是,你也会被打上"缺乏管理能力"的烙印。若想避免这样的结局，就必须设法掌握委任力。

把工作托付给别人，会伴随着成果不如人意的风险。若想得到令人满意的成果，当然需要向对方详细说明工作的目标和要点，但即便如此，往往情况也没有改善。

尽管如此，既然交给了别人，就要在一定程度上加以忍耐。就算费些工夫也要支持对方做到最后，直至完成。没有这份忍耐力，别人就不会听从你的调遣。如果对方半途而废，你当然不会再将工作托付给他，结果又变成了自己承担。

其实，与自己完成工作相比，交给别人做的难度更大，因为你必须把自己了解的东西详细地讲给对方听，直到对方也能明白，这样才能托付工作，也就是必须实现技能的知识显性化[①]。而且，你还必须把握对方的理解程度，确认对方真的已经理解，否则后果可能很严重。此外，你还得

[①] 一桥大学研究生院的野中郁次郎教授把知识分为肉眼不可见的、难以表达的隐性知识和能以电子形式传达的、能储存在数据库里的显性知识，阐明了日本和西方在知识方法论上的差异。

在中途依次检查工作进程。如果对方做得仍然不到位,你还必须加以修改。比起从一开始就自己做,中途修改别人做的东西显然更难上手,这又要求你必须具备更高的水平。

因此,与其说是自己做更快,不如说是只能自己做。但要知道,这绝不是因为对方的水平低,完全是因为自己的水平不够,做不到妥善地把工作交给别人。

"叫你做是应该的，你做好也是应该的"

虽说是工作，但既然把自己的工作托付给别人做，就应该好好赞赏、慰劳对方。但在实际工作中，很多人觉得自己叫别人做是应该的，别人把工作做好也是应该的，哪怕有一点儿做得不到位，也会对对方大加责备。

这也是工作能力强的人的特征。自己的水平很高，就能看出别人工作的不足，所以别人的工作成果很少能令自己满意，进而导致越来越不满。然而，既然是你"下放"的工作，当然不该期待别人做得比你更好，你反而应该为自己事前的说明不够充分而感到抱歉才对。

托付别人做事，应该尽量向对方表示感谢和赞赏。在此基础上，如果有需要改善的地方，再进行耐心细致的说明。而且，在对方完成后，还应该尽量告知这份工作今后的意义。这样一来，对方也能体会到成就感，从而变得充满干劲。

如果对方一味受到责备，听不到一句感谢的话，只能看见"你做好是应该的"的脸色，那他以后恐怕都不会愿意接受你的工作了。当然，既然是工作，不情愿也得做，但如果一直维持这样的关系，总有一天将没有人愿意接受你安排的工作。因此，请务必驱散恶魔之声，以对方能明白的形式表达谢意。

信赖需要"眼光"

下面再从其他角度想想有委任力的人共同具备的要素是什么。

首先，当然是信赖别人的能力。这种能力并不是指当个老好人，总是从善良的出发点考虑问题，而是需要具备锐利的眼光，能够准确判断别人的强项、弱项和能力，并且确信"这个人有能力做这份工作"。这才是信赖对方的基本条件。因此，委任力强的人大多对自己的眼光充满自信。也就是说，他们判断自己不会错，所以敢于放心地把工作托付给对方。

尤其是把自己做不了的工作委托给具有高度专业性的人的时候，这种信赖的能力更是不可或缺的。如果不能在准确评价对方能力的基础上给予信赖，自己就没办法继续跟进项目。

这样的眼光是通过大量失败锻炼出来的。只有经历过无数次被人背叛，无数次期望落空，才能锻炼出识人的眼光。同时，不能把期望落空当作负面能量，而是应该将其当成锻炼自己的动力，只有这样才能掌握委任力。

符合设计图的阶段化

把工作委托给别人时，必须事先想象出工作完成时的情形，或者称为整体形象。换句话说，如果没有提前制订计划就贸然工作，打算边做边调整，这样的人的委任是不合格的。因为他并不清楚应该委托的是什么，很可能会临时更改工作方针，变来变去，给被委托方造成不小的麻烦。

若想避免这种情况，就应该事先确定工作的整体概要和完成形态，制作日程表，把整份工作分解成若干个部分（阶段）。这一点十分重要。

我在接手一项工作之前，会先做出大概的设计，然后再开始做。如果没有计划，就会浪费时间。如果工作有截止日期，还必须根据事先的设计，尽快把工作委托出去。图2.4的设计图是杂志社等单位向我约稿时，我根据当时的日程和设计内容归纳而成的。有了这样的设计，即使是单一的工作，也能通过团队完成。而通过团队完成工作，就能实现高质量工作的量产化。

请仔细看看你的周围。你能轻易区分有委任力和没有

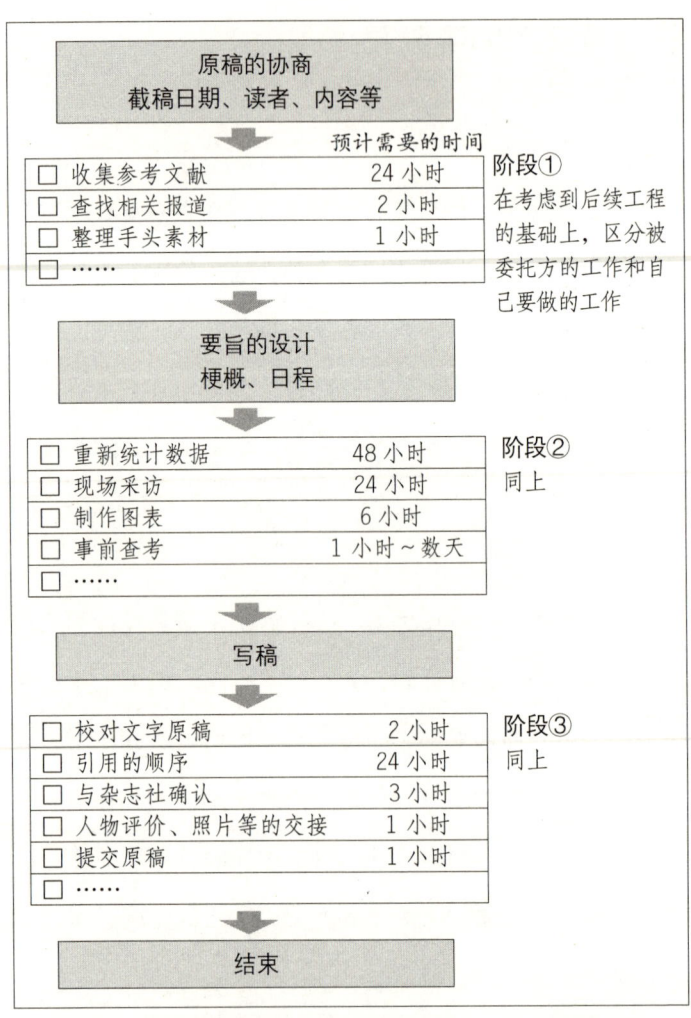

```
┌─────────────────────────────────────────────────┐
│              原稿的协商                          │
│         截稿日期、读者、内容等                   │
│                    ↓                             │
│              预计需要的时间      阶段①           │
│  □ 收集参考文献      24 小时    在考虑到后续工程 │
│  □ 查找相关报道      2 小时     的基础上，区分被 │
│  □ 整理手头素材      1 小时     委托方的工作和自 │
│  □ ……                           己要做的工作     │
│                    ↓                             │
│              要旨的设计                          │
│              梗概、日程                          │
│                    ↓                             │
│  □ 重新统计数据      48 小时    阶段②           │
│  □ 现场采访          24 小时    同上             │
│  □ 制作图表          6 小时                      │
│  □ 事前查考          1 小时~数天                 │
│  □ ……                                            │
│                    ↓                             │
│                  写稿                            │
│                    ↓                             │
│  □ 校对文字原稿         2 小时   阶段③          │
│  □ 引用的顺序           24 小时  同上            │
│  □ 与杂志社确认         3 小时                   │
│  □ 人物评价、照片等的交接  1 小时                │
│  □ 提交原稿             1 小时                   │
│  □ ……                                            │
│                    ↓                             │
│                  结束                            │
└─────────────────────────────────────────────────┘
```

图 2.4　设计图的制作和工作的阶段化——以写稿为例

委任力的人吗？如果不能在需要经常把工作委托给别人的最佳时期掌握委任力，就很可能一生都掌握不了。请务必设法战胜心里的恶魔之声，从明天就开始实践吧。

第10能力 商谈力

定义	咨询协商的能力，善于倾听并与别人一同思考问题的能力
标准开发年龄	40～70岁
缺少该能力的后果	无视对方的价值观，把自己的想法强加于人，一味说教
相关能力	语境理解力、委任力、协调力

下面将要介绍的第 10 种能力到第 12 种能力，是具备一定专业性的人进一步灵活利用其专业性而应该掌握的能力。等你过了 40 岁，或者正在考虑发展第二职业的时候，希望你能想到这三种能力。对于即将成为经营干部的人、独立创业的人，以及希望不被裁员、想在企业组织中继续生存下去的人，这三种能力都能有所帮助。也就是说，这三种能力对于"攻守"都有作用。

首先是"商谈力"，也可以称为"咨询力"。不过，所谓的咨询顾问，本来是指通过研究生院硕士课程学完咨询教育项目的人，所以直接称为"咨询力"可能会引起误解。况且，咨询顾问一般是跟以前毫无关系的人结成咨询关系，而我们所说的情况，主要是向自己的部下或后辈提建议，更接近"商谈"的概念。

简单来说，这一能力分为三步：与对方建立彼此信赖的人际关系，并以此为基础；充分认同对方的价值观和特性；提供专业的建议，让对方作出决定。这与"咨询顾问"的风格是非常相似的。

听不进别人说话的中年一代

　　随着经验的积累、专业性的掌握，加之具备了一定的判断力，有些人就逐渐变得听不进陌生人说话。这种人不考虑别人的实力、价值观等因素，只是单方面地把自己的想法强加给对方；或者在对方又急又恼地拼命发表意见的时候，匆匆给出否定的结论，硬生生地阻止对方继续说下去。

　　提高专业水平和积累经验很重要，但如果采取这样的态度（主要是针对后辈或部下），就不会有人愿意和你商谈，你可能逐渐被孤立。就算是水平高超的专家，也不会得到太好的评价，因为一个人不可能总是单打独斗，许多工作都要依靠团队的力量来完成。

　　你身上是否存在这样的问题？

以成为职业顾问型上司为目标

在现在的年轻人眼中,理想的上司要能详细阐述工作的意义,要能认可部下的优点,要能耐心地提供建议,帮助部下迅速进步。这也就是所谓的"职业顾问型"上司。

作为上司,无论见解多么正确,如果只会单方面地将之强加于人,就不会受到欢迎。理想的上司应该与部下建立信赖关系,创造适合年轻人畅所欲言的氛围;在跟部下商谈时,能够理解对方的想法并提供适当的建议。

事实上,这种职业顾问型上司不仅是年轻人眼中的理想上司,也是今后管理者的理想形象。

阿猫阿狗也能升职加薪的环境早已一去不返。新时代需要的管理者,要让每个部下都能感受到工作的意义,充分发挥自身的能力并不断进步,通过社会认可感受到自我存在的意义。

登陆日本的职业顾问

前面提到了"职业顾问型",这里解释一下什么是职业顾问。

职业顾问是面向正在进行或准备进行职业选择的个人,依靠专业知识提供咨询服务的人。在美国,很早以前就已出现职业顾问这一职业,并且延续至今。整个美国约有20万人正在从事学校、公共职业介绍所、人才业务、企业等方面的专业职业顾问工作,或者以独立创业的形式开展业务。

自20世纪90年代中期,我就确信日本也会很快迎来需要职业顾问的那一天,于是详细收集了美国的职业顾问资格认证[①]的相关信息。尽管我自己半途而废,但我所属的公司(瑞可利)后来正式从美国引入了职业顾问资格的培养项目,开始向日本的劳务市场输送专业人才。

目前,很多人都在学习全球职业规划师(Global Career Development Facilitator,GCDF)这一资格认证的讲座课程。

---

① 与日本不同,在美国要想成为职业顾问,条件非常严格,必须通过研究生院的硕士课程专攻咨询专业,还必须有两年以上的实际咨询经验。

5万名职业顾问培养计划

在这种情况下，厚生劳动省也作出了日本有必要培养职业顾问的判断，计划自2002年起，培养出约5万名职业顾问，而职业顾问的正式名称也从Career Counselor改为Career Consultant。如今，职业顾问已成为热门职业之一。

许多从事人才业务或人事工作的人，都希望成为专业的职业顾问。也有一些自己创业的人，抱着提高自身技能的目的去听课，其实也是为了提高"商谈力"。表2.5中归纳了日本的主要讲座，供希望掌握咨询技能的人参考。

	职业能力鉴定名称	职业能力鉴定实施者名称	讲座开课标准时间
1	人才开发协会职业顾问认证考试	人才开发协会	2～3个月（共12天）
2	DBM硕士职业顾问认证考试	日本德雷克·比姆·莫林（Drake Beam Morin）公司	约6个月（共13天）
3	CDA资格认证考试	特定非营利活动法人日本职业开发协会	函授：3个月 走读：6天
4	职业顾问考试	社团法人日本产业咨询顾问协会	初级：约7个月（共17次）

（续前表）

	职业能力鉴定名称	职业能力鉴定实施者名称	讲座开课标准时间
5	NPO生涯学习职业顾问鉴定	特定非营利活动法人NPO生涯学习	函授：3个月 走读：6天（共36小时）
6	财团法人社会经济生产性本部认证职业顾问资格考试	财团法人社会经济生产性本部	1.5个月
7	GCDF-Japan考试	特定非营利活动法人职业顾问协会	12天（共120小时） 走读：96小时 在家自学：24小时
8	财团法人关西咨询中心职业顾问认证考试	财团法人关西咨询中心	最短4个月，最长16个月
9	日本职业管理咨询顾问协会认证职业顾问资格考试	特定非营利活动法人日本职业管理咨询顾问协会	120小时 （走读制，每周六举行，共18次）
10	ICC委员会认证职业顾问鉴定	SGK公司	约2个月 （共122小时）
11	HR研究所认证职业顾问能力评价考试	人力资源综合研究所股份有限公司	走读：每周1次 （共10次，每天7小时） 函授：约3个月 （相当于50小时）

表2.6 职业形成促进补助金（职业能力评估推动补助金）对象与职业顾问能力评估考试

商谈服务成为必需品

即使离开管理职位,社会也明显要求你具备一定程度的咨询能力。

观察最近的服务业就会发现,到处都配备有咨询和商谈功能。当今时代信息饱和,仅凭自己的力量进行对比研究,选择商品或服务,已经变得很困难了。咨询合适的专家,接受建议,然后再作决定,已经成为自然而然的做法。

在这种情况下,如果你具备"专业知识"和"咨询技能",就会成为社会需要的人才。

即使是专卖店的销售员,今后或许也能成为该领域的专业顾问。例如,具备园艺专业知识和咨询技能的人,可以负责在家庭菜园等专卖店里接受顾客的咨询,挑选合适的商品加以组合,卖给消费者。此时,他既是销售员,也是顾问。这样或许就能实现以爱好作为工作的梦想,而且即使年纪大了也不影响工作。

不可忘记的要点

如果你想掌握基本的咨询技能，我建议去听职业顾问培训讲座。此外，我将在下面介绍一些具备"商谈力"的人的特性。

1. 酝酿信赖关系。信赖源自"觉得对方不会对自己不利"的情绪，而这样的情绪源自"对方很理解自己"的认识。如果对方并不试图理解你的处境、价值观、能力、爱好等因素，你是不会对其产生信赖感的。

2. 有相同的目标。就咨询而言，咨询双方拥有同一个目标是极其重要的。如果彼此的目标不同，就失去了咨询的前提。以园艺用品专卖店为例，顾客购物的目的是"想把某个品种种在花盆里，让它开满鲜花"，如果销售员也怀着同样的心情，顾客就会用心倾听他的建议。相反，如果销售员的言行中透露出唯利是图的态度，顾客就根本不想听他说什么。上司与部下的关系也一样，如果上司一味表现出只想提升业绩的态度，他就称不上职业顾问型管理者。只有抱有希望部下（从对方的角度来说就是自身）进步的大目标，才能真正笼络人心。

3. 基于专业知识，作出详细说明。你既然拥有该领域的专业知识，就必须作出详细的说明，也就是以简单易懂的语言向部下介绍有哪些选择，这些选择各有哪些优点和缺点，等等。越是需要作出重大决策的工作，这种说明就越重要，如果说明不到位，就是你的责任。

4. 最终让对方决定。最后的重要决定不能由自己来作，必须让对方本人基于自身责任作出。咨询的目的正是为了支持对方自己作出决定。如果决定不是出于自己的意愿作出的，过后就很可能轻易变卦，有时还会觉得结论是别人强加给自己的。

商谈力是交流能力的延伸。只要掌握这样的交流风格，你的专业能力就能大放光彩。

第11能力 传授力

定义	把自己掌握的知识或技术教给别人的能力
标准开发年龄	40～70 岁
缺少该能力的后果	无法把自己的知识传给后辈或部下
相关能力	持续学习力、语境理解力、专业构筑力、委任力

教别人绝不是一件容易的事。即使在大学里，优秀的研究者也未必是优秀的教育者。也就是说，并不是业绩出众、知识丰富和技术优秀的人，就能很好地教别人。自己有知识和把知识转移给他人是两码事。

管理职务的一项重要工作是培养人才。身居管理职位，需要具备培养人才的技术。最近，一种名为"教练技术"（Coaching）[①]的手法备受瞩目，很多资料都视其为成功领导部下的有效方法。所谓"教练技术"，就是"为了让人们对自身的开发变得更有效而传授必要的工具、知识、机会的过程"（出自大卫·彼得森所著的《教练式领导》[Leaders As Coach]）。

这里所说的传授力，是指具备丰富的专业知识和技术，并加以灵活运用，培养后辈或部下，向其传授专业知识和技术的能力。也就是说，传授力的概念更广泛，包括教练技术在内。传授力是专业人才的必备能力，也是领导必备的一种素质，因此自然也是管理人才的必备能力。只要掌握了这种能力，你就能在更大的舞台·展身手。

[①] 国内一些所谓的"教练技术"有精神传销之嫌，请读者注意甄别。——译者注

缺乏传授力的典型失败案例

有的人自身具备优秀的专业能力和技术,却不能培养人才。问题究竟出在哪里呢?下面来看几个例子。

1. 说明不足型。就是"看着我学"的人。这种人的知识或处于隐性状态,或处于更原始的经验性状态,无法通过逻辑性的语言教给别人。而且,有的人嘴很笨,只会告诉别人"总之按我说的做就行"。如果相处久了,技术或许也能潜移默化地传给别人,但这就要求采取学徒制,否则很难培养人才。

2. 滔滔不绝型。单方面说个没完的人。这种人只要一说起来,根本不管对方听没听懂,就能若无其事地说上好几个小时,话题也飘忽不定。当然,其中或许也有值得参考的内容,但一般人只想尽快溜之大吉。

3. 夸夸其谈型。洋洋自得地夸耀自己以前干过这样那样的事,如何如何大获成功的人。如果能够适可而止,受教的一方也会心生敬意,但若过分吹嘘,就会让别人觉得"怎么老说以前的事""希望讲一些对现在的我们也适用的东西"。这是因为，夸口吹牛皮的内容往往并不适用于当前状况。

4. 说教型。说着说着就下意识地开始说教的人。就像"我说你啊……"这样，扯出跟现在该教的内容毫无关系的话题，针对听讲者的品性、态度等问题展开批判，叫人无法心平气和地听下去。在开始说教的瞬间，教与被教的关系就被彻底破坏了。

5. 比喻过剩型。乱打比喻的人。以比喻的方式向对方传达重要信息的做法本来无可厚非，可若是比喻不当，反而会令对方难以理解。这样的人非常热衷于比喻，渐渐就变得不管对方听没听懂了。

其实还能举出很多例子，不过光是这些你大概就够对号入座了。

"教员"带来的就业机会效应

中老年人的就业问题日益严峻,一旦离开长期就职的公司,就很难再找到工作。不过,有些工作其实是专为中老年人准备的,广义上的"教员"工作就是其中之一。

不仅具备专业知识,而且善于向人传授——这样的工作年轻人可做不了。灵活利用积累的经验帮助别人,可以说正是适合现代知识社会的工作。

下面举个例子。

我所属的瑞可利研究所与丰田汽车公司合资创办了一家名叫"OJT Solutions"的公司,其主要业务是向新成立的公司输入资历丰富的技术员,让他们担任"教员"。这些技术员的年龄均在57岁以上,他们一直在丰田汽车的工厂从事生产管理工作,熟悉丰田的生产系统。这家公司面向众多行业,向负责生产现场的人才传授提高生产效率的诀窍,为日本企业的事业重整和人才培养作出了贡献。担任教员的人个个身怀绝技,只要看一遍工厂的生产线,就能找出多个有待改善的地方。这些人凭着向人传授诀窍的高

①教员	137万人	从事传授工作的人	378万人
②私人教师	49万人		
③管理职位	192万人	从事指挥工作的人	

· 私人教师有如下职别：

■ 老师（instructor）
· OA老师
· 森林老师
· 运动老师
· 茶道老师

■ 讲师（lecturer）
· 文化教室讲师
· 学习讲师
· 学校讲师
· 企业研修讲师

■ 指导员（director）
· 教习指导员
· 职业训练指导员
· 店铺指导员
· 技术指导员

■ 教练（coach）
· 私人教练
· 运动教练
· 业务教练
· 体能教练

■ 教员（trainer）
· 运动教员
· 养犬教员
· 互联网教员
· 医疗教员

图2.5　在社会上从事必须具备"传授力"的工作的人

超技术来提供服务，并因此备受瞩目。事实上，他们的工作往往应接不暇，在业务取得成功的同时，还为其他年龄相近的人提供了开展新职业的选择。

像这样在各种领域内开发"教员"这一新职业，就能创造专属于中老年人的就业机会，开发专属于中老年人的业务工作。

传授方与受教方的关系

掌握传授力有一条捷径，就是阅读关于"教练技术"的专业书籍，或者参加传授"教练技术"的研讨会或研修课程。通过这些方式，就能掌握基本的窍门。

提高传授力最重要的一点，是要尽量跟受教方形成平等的伙伴关系。

传授方与受教方的关系，似乎特别容易变成上下级关系，最有代表性的就是老师和学生。然而，比起上对下的传授关系，"一同"思考的平等伙伴关系显然更容易提高学习效果。这种构筑平等的伙伴关系的能力，不仅有助于提高传授力，在拓展人脉、提高交流能力等方面也很重要。

我也在从事政策制定的相关工作，跟政府人士接触的机会比较多。每到这时，我考虑的就是如何"建立平等的伙伴关系"，否则一不小心，我就会变成"老师"或"从业者"，成为"上"或"下"的一方。无论哪一种，都不如伙伴关系的交流顺畅。

把传授方与受教方的关系理解成简单的职务分担，双方一同思考、一同执行、一同享受成果，这样才是最理想的。

"和谐"的概念

更进一步地说,双方最好建立相互理解、彼此融洽的"和谐"关系。达到和谐的关系,双方说话的节奏就会很合拍,彼此的举止就会很相似,措辞也会趋向一致,即使外人也能轻易看出双方达到了感情共享、产生共鸣的境界。如果建立和谐关系,传授力就能维持在很高的水准。也就是说,在教授之前,就能在某种程度上预见到传授的结果了。

以"教练技术"为主题的书中,都会介绍如何有意识地建立和谐关系。请务必买来一读,并加以实践。简单来说,就是说话与对方的节奏相符,举止与对方一样。比如,假设对方正处于极度沮丧的状态,此时即使你兴高采烈地上前搭话,也不会感染对方让他感到开心的。在这种情况下,静静地问一声"怎么了"反而容易诱使对方一吐不快。

毫无保留是大忌

在锻炼传授力的道路上，最大的障碍或许就是太爱说话的性格。身为教员，不能把所有东西都主动说出来，关键是要向对方提问，让对方思考并给出答案。传授方由于一开始就知道问题的答案，所以说着说着就容易来劲儿，把全部内容都透露出来，这样一来，受教方便一无所获。

传授方应该发挥聆听和提问的能力。

此外，在教学过程中，传授方还应该注意配合对方的需求，做到有的放矢。如果你提供的建议对方并不需要，你却一味地强加于人，是不会有效果的。传授方必须准确地作出判断——对方究竟是希望自己只扮演听众的角色，还是希望从自己这里到建议。当判断为"希望得到建议"时，就谦虚地望着对方的眼睛给出简洁的建议。

当双方的身份是上司和部下时，部下经常会向上司征求建议，这种情况下，上司也应该有所保留。如果事事解答，就会令部下以为"无论有什么问题，只要问问上司就能得到答案"，从而放弃自己思考的习惯。有鉴于此，越是部下来征求建议的场合，上司越应该尽量让部下自己思考。尤其是已经委托给部下的工作，上司绝对不能越俎代庖，事无巨细地一一给出建议。

夸奖与责备

在我看来，提高传授力最重要的是学会"夸奖"和"责备"的技巧。

每个人都有尊重需求[①]。受到认可和夸奖时，没有人会不开心。向对方传授知识和技能，当对方掌握以后，给予认可和夸奖，可以激发对方的学习欲望，同时也能令对方确信自己的选择没错。年轻人尤其存在强烈的尊重需求，当自我尚未确立的时候，他们是通过周围人的评价来定义、定位自己的（也可称为"寻找自我"）。若一个人在工作中始终得不到夸奖，想必很快就会离开公司。

夸奖这种行为，做起来其实并不简单。如果传授方觉得对方理所当然应该学会，就很难做到适时地予以夸奖。而且夸奖有两大原则，分别是具体夸奖和当众夸奖。首先，

[①] 美国心理学家马斯洛在其"需求层次"理论中，将人类的需求分为5个层次。尊重需求位于第4个层次，是指希望自己得到社会的认可和尊重的需求。尊重需求是继生理需求、安全需求、情感和归属需求之后的一大重要需求（第5个层次是自我实现需求）。

夸奖时要让对方清楚地知道自己哪里做得好，为什么做得好。例如，部下做成了一个大项目，极大地提升了销售额，这时就可以予以夸奖，但要具体到为了提升销售额而努力付出的过程上，让对方同时体会到过程和结果的双重喜悦。另外，夸奖时应该尽量当众进行；相反，责备时则应该尽量挑选一对一的场合。

责备技巧的关键在于要责备具体的"行为"，而不要批评对方的"品性"和"态度"。应该立足于充分的理由，直接告诉对方哪里做得不好。如果借题发挥，容易招来情绪上的反抗，结果变成单纯的说教。而且，不要责备完就算了，还应该面向将来，向对方提出有建设性的建议，直到对方作出积极的回应。

通过前面讲述的内容，想必大家已经了解传授力的原则，就是要与对方建立和谐关系，灵活利用提问、聆听等技巧，不要说得太多，还要适当地予以夸奖或责备。通过练习，任何人都能掌握传授力。只要掌握了传授力，你所具备的专业知识和技术就能得到更灵活的应用。

第12能力 协调力

定义	调整、中介、推进事物的能力
标准开发年龄	40～70岁
缺少该能力的后果	无法完成大型工作
相关能力	包括委任力、商谈力等在内的其他11种能力

最后要介绍的是协调力。前面介绍的能力几乎都是地位平等的，只有协调力算是更高级的能力。

协调力是包括确保整体平衡发展的"调整力"、在人与人之间起联系作用的"中介力"、向成功方向引导的"推进力"这三种能力的综合能力。它以具备绝大部分前面讲过的能力为前提，是应该掌握的更高级的能力。

说到调整，一个很有代表性的词是"公司内部调整"，它可能会令人产生不好的感觉。无论如何，调整是中层管理职位的主要业务。随着信息技术（IT）的普及，可能很多人觉得调整正渐渐变得不再重要。但实际上，这种协调（调整＋中介＋推进）才是只有人类才能办到的终极工作。

无论你身处哪个领域，居于什么职位，只要被安排了"协调者"的差事，协调力就是一种必备的综合能力。

21 世纪的象征性职业

在我看来,"协调者"正是知识社会的象征性工作,是各个领域都不可或缺的。

协调者首先要具备相应领域的专业知识和人脉,然后要发现对方的需求,偶尔还要一边教学,一边制订最完善的计划。而且,当涉及多个利益相关者时,协调者需要居中协调,妥善地加以引导,促使众人达成共识,确定统一目标。

"协调者"这个词已经开始作为一种资格认证和职别,应用于多个领域(表2.7)。今后,想必所有领域都会需要具备协调力的人才。反过来说,如果你能达到具备协调力的水平,就拥有了最高的可雇用性(employability)。

	协调者	业务内容	主办团体	资格种类
1	饮食协调者	涉及与饮食相关的所有领域。	日本饮食协调者协会	民间
2	福利居住环境协调者	为高龄者和残障人士提供宜居环境方案。	东京商工会议所	官方
3	室内装饰协调者	确保居住空间拥有更好功能性的同时,提供舒适生活环境方案。	(社)室内装饰产业协会	民间

（续前表）

	协调者	业务内容	主办团体	资格种类
4	志愿者协调者	在志愿者供需双方之间充当纽带。	日本志愿者协调者协会等	无
5	重建协调者（重建设计者）	都市重建工作所必需的宏观规划和具体业务计划的制订及权利调整等。	（社）重建协调者协会	民间
6	（器官）移植协调者	为确保器官移植能够公平、迅速地进行，24小时提供各种必要的业务支持。	（社）日本器官移植网络等	无
7	婚礼协调者	为举办符合要求的婚礼，提供综合性协调服务。	（社）日本婚礼事业振兴协会	民间
8	产学合作协调者	与大学搭桥牵线，以事业化为目标谋求合作。	各大学自行录用	无
9	教育信息化协调者	推进学校的信息化，同时站在平衡的立场上向学校或教育委员会提供适当的建议。	（社）日本教育工学振兴会	民间
10	文娱协调者	推进综合性地区文体活动（文娱）。	日本文娱协会	官方
11	IT协调者	站在经营者的立场上，在经营和IT之间充当桥梁。	特定非营利活动法人，IT协调者协会	民间

表2.7 各领域所需要的协调者

在不同领域间协调

表2.6中有"产学合作协调者"一项。产学合作、官民合作、跨学科研究、不同行业交流、异文化交流等联结不同领域的活动，既能帮助解决问题，又有助于创造新知识。像如今这样的成熟社会，可以毫不夸张地说，在不同领域之间协调而取得某种成果的工作是无限存在的。这方面的潜在需求无处不在，只要有足以妥善协调的人才，就会出现工作机会。

例如，日本需要大量既懂技术、又懂经营的人才。即使自己不直接参与技术开发，只要具有高深的技术造诣，就能理解技术人员的想法。而且，从经营战略的角度来说，懂技术也是一大优势，能以领导的身份用技术赚钱。这样的协调者，不正是所有厂商梦寐以求的人才吗？当然，到那时就不叫协调者了，而是称为掌控MOT（Management of Technology）[①]的技术代表董事，也就是技术领域内的优秀

[①] MOT是20世纪80年代在美国开始的一项教育计划，其目的是在研究开发、技术开发领域内提高必要的专业经营能力。据说，开设MOT课程的美国大学约有300所之多。

经营干部。

专业研究生院（professional school）需要的是既有实务经验、又懂现场生产的教学团队，也就是学院派和实践派的方法都要掌握。在前面的"专业构筑力"一节也曾说过，专业是要理论和实践两手抓的。只要做到这一点，再掌握传授力，就能变成抢手的人才。

我以前曾参与创办一项事业，把大学的研究成果转移给民营企业，实现商品化（通常称为TLO）。负责收存研究成果并卖给企业的专家称为"授权专员"，其扮演的正是协调者的角色。这种人才既了解大学老师的心理，也了解民营企业研发部门的心理，同时具备技术、经营、知识产权等多方面的知识，以中介的身份促成合同的签订。对于这种人而言，交流能力尤为重要，"高素质的助人为乐者"是对这份工作的最佳诠释。据我估计，今后这方面的需求也会增多。

一边提供建议，一边引导解决

即使没有跨领域，只要具备广泛的知识和调整力，依然能成为优秀的协调者，"食物协调者""婚庆协调者"等工作即属此例。这些人依靠专业知识背景，一面响应客户的需求，一面制订综合性计划。虽说如今信息泛滥，但人们不可能理解并利用所有信息，所以需要专家提供建议，进行适当的引导，直至解决问题。这样的需求随处可见。

专家好像总给人以措辞艰深晦涩、常人难以接近的印象，协调者则不同。在具备专业知识的基础上，协调者既是"聆听"需求的专家，又是"发言"浅显易懂的专家，同时还是思考最合适计划的专家。

构成协调力的 10 个要素

再来重新整理一下,看看拥有"协调力"究竟能做到哪些事。在继续阅读之前,请先回忆前文讲过的各种能力。

1. 专业知识。关键在于同时掌握理论和实践。必须学会向别人说明,而不是仅靠自己单打独斗。此外,最好还能掌握与自身专业相近领域的知识。(关系到专业构筑力)

2. 丰富的人脉。自身专业领域的主要关系网自不用说,当担任跨领域的调整职务时,还需要与双方均建立起关系网。(关系到人脉开拓力)

3. 把握对方的需求。"聆听力",仔细聆听并接受所有相关人士的意见是第一步。(关系到商谈力)

4. 本质的开朗。即使遇到些许困难,也能自发地努力工作,积极地解决问题。不断给相关者增添好感,表现出强烈的存在感。(关系到亲和力、乐观力)

5. 针对信息收集的日常活动。不懈地收集最新信息。作为协调者,如果不能理解对方透露出的信息,就无法履行调整的职责。(关系到持续学习力)

6. 目标的设定。设定现实的共同目标，有计划地向目标推进。（关系到目标发现力）

7. 达成共识的推进。当存在多个利益相关者或语境不同的相关者时，居中斡旋，促进共识的达成。（关系到语境理解力）

8. 适当的建议。以专家身份提供建议，引导对方达成更好的目标。可以给出若干选项，提供对比信息，当对方将要作出错误的选择时，偶尔还可加以规劝。（关系到传授力）

9. 勤勉。为了实现目标而不懈努力的态度。

10. 为人诚实。想得到相关者的信赖，就要给对方留下诚实的印象，不能让对方感觉到私利私欲，要做到守约守信。

当然，要满足这10个要素是极其困难的。不过，只要对应各年龄段，努力锻炼应该掌握的第1能力到第12能力，就能达到掌握"协调力"的境界。

能力是用毕生时间一点点积累起来的，绝非朝夕之间能够掌握，所以才有"活到老，学到老"的说法。即使年纪大了，学习也是无止境的。

第三章

职业生涯稳步攀升的法则

前文介绍的 12 种基本能力会引导我们走向成功，但关于职业设计的整体情况，我只在第一章解释了若干误解，并未详细阐述。本章将详细说一说怎样才能拥有令人满意的职业生涯，讲一讲必须遵守的法则。

登上职业生涯的阶梯

职业的形象

日语中有个造词叫キャリア・アップ（career up），其中的アップ（up）应该是指朝着某个目标靠近的行动。那目标又是什么呢？出人头地？赚很多钱？还是赢得名誉？

另有一种常见的说法，是职业不分 up 或 down。在我看来，career up 这个词并不合适，职业应该建立在更个人化的价值基础之上。

在想象职业生涯的时候，我的脑海中会浮现出一个在浓雾中若隐若现的巨大而平缓的螺旋阶梯。我们走在这个阶梯上，拼尽全力向上攀登，前路却始终模糊不清，甚至连是不是在向上走都不知道,乍一看像在走冤枉路一样。

然而,这个螺旋阶梯确实是有终点的,那是一个能令自己心情舒畅的所在。只要抵达那里,就能感受到充分发挥自身能力来工作的乐趣。

可是,走在这个阶梯上很容易一脚踩空,所以最好经常向阶梯之外的旁观者征求建议。而且途中还有岔路,所以也存在迷路的可能。螺旋阶梯设有扶手,为了避免迷路,最重要的就是牢牢抓紧扶手,让其充当领航员的角色。

以上这段话可能有些抽象,但想必大家已经猜到,起跟扶手一样作用的就是前面讲过的12种基本能力。

只要在合适的年龄掌握这些能力,我们就不会迷路,就能享受工作的乐趣,就能朝着收获成果的终点一步一个脚印地向上攀登。

职业生涯是偶发性学习的积累

斯坦福大学教授、心理学家约翰·D·克虏伯(John. D. Krumbolts)针对职业生涯提出了"有计划的偶发性"理论。

以前的职业咨询认为,让当事人自己决定最适合自己的职业是比较理想的,而"有计划的偶发性"理论则把重点放在了不确定的学习效果上。该理论认为,职业生涯与其说是能够事先决定的,不如说是通过吸收每一次的偶发性事件,努力在最大限度上取得成果。

正如第一章提到的,事先计划好自己的职业生涯并按图索骥的做法并不现实,应该在过程中收获才对。而支持这一过程的,就是第二章介绍的12种基本能力。

工作中会多次出现重大机遇,可能是职位调动带来的,也可能是遇见新伙伴带来的。它们有时看起来是危机,却也可能是机遇。

只要能够灵活利用这些机遇,它们就会成为职业生涯的重大转折点,以后回想起来就会觉得:"啊,正因为当时抓住了那个机会,才有了如今的我。"至于如何灵活利用机遇,就要靠这12种基本能力了。在我看来,未来之事不可预测,只有能抓住眼前机会的人,才会在职业生涯的阶梯上越走越高。

相互关联的 12 种基本能力

各能力之间的关系

引导职业生涯走向成功的 12 种基本能力绝不是各自为政的,而是相互关联的。一种能力会成为另一种能力的基础,而协调力,可以说是统合其余 11 种能力的能力。

而且,这 12 种基本能力可以大体分为"对人能力""对己能力"和"对课题能力",所有这些能力就对应着称为"胜任素质"(competency)的能力。无论具备多少学力类的基本能力、技术、知识等技能,如果这 12 种基本能力不够充分,在工作中获得成功的希望就很渺茫。一说到能力,人们往往只看重学校品牌、资格认证等因素。然而,决定职业生涯成功与否的关键因素既不是偏差值的替代品——学校品牌代表的学力,也不是资格证书这种体现技术、知识的东西,而是如何掌握对应"胜任素质"的 12 种基本能力。

一过 30 岁弱点就改不掉了

12 种基本能力有着各自的最佳开发时期。比如说反应力，就应该在 10 ~ 30 岁之间掌握。

对最佳开发时期予以足够的重视，就能比较理想地提高能力。然而，如果你看到这本书时已经过了 30 岁，觉得自己已经无法掌握反应力了，那就大错特错了，因为从现在开始并不晚。请务必努力，不要放弃。

不过，一旦过了最佳时期，掌握相应能力的难度就会增大，关于这一点需要作好心理准备。而且，过了 30 岁以后，人就会变得"难以克服弱点"。尤其是过了 40 岁，弱点几乎就改不掉了。无论善恶，其人性特质已经固化，此时再去开发能力将相当困难。

如果已经处于这种为时已晚的状态，该怎么办呢？你应该另辟蹊径，放弃改掉弱点的做法，把精力放在拓展强项上，借此弥补弱点造成的不足。

经营学和职业论的泰斗德鲁克博士也曾说过："在强项上构建自我。"

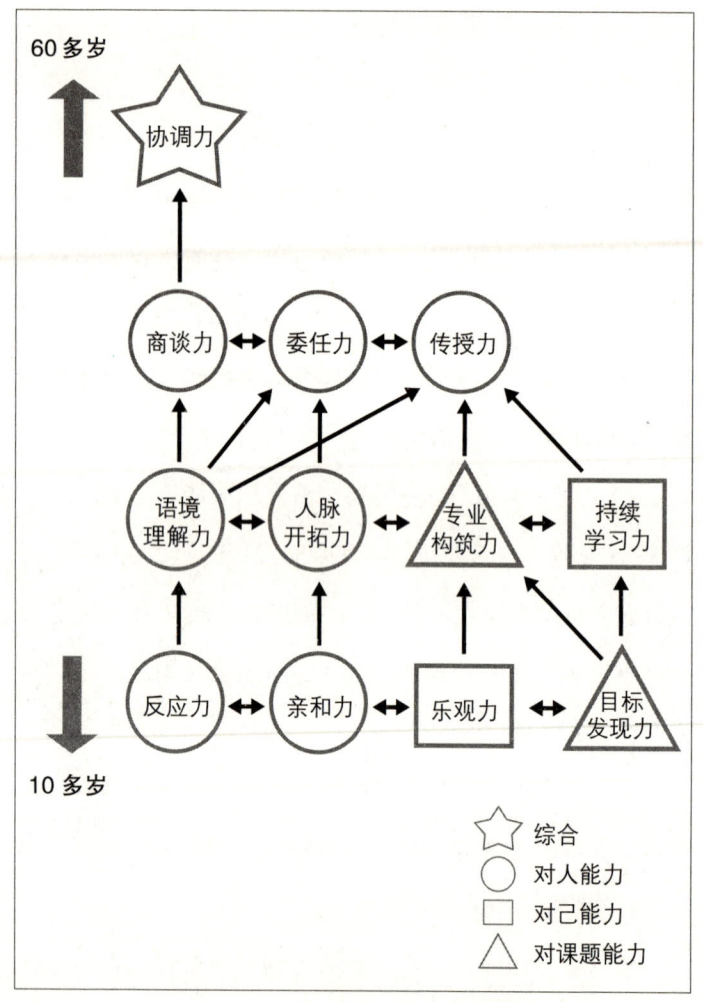

图 3.1　12 种基本能力关联图

正是如此——拓展强项！允许弱点的存在！这是次善的战略。被称为天才的人，通常都在某些胜任素质方面存在很大的缺陷，却在某种能力上远超常人。但要记住，最理想的情况当然还是尽量平衡地掌握12种基本能力。

作为必要条件的两种技术

下面说说这12种基本能力以外的其他能力。由于能力常被比喻成冰山，我就基于图3.2的冰山示意图来谈一谈。

露出海面的部分是技术和知识，可以通过资格证书等外物相对简单地体现出来。然而有个词叫"冰山一角"，技术和知识不过是能力中的极小一部分。最下面的是基本能力，也就是数字处理能力、语言理解力等通过智力测验为人熟知的部分。除了这两部分之外，还有所占面积最大的一部分，就是对人、对己、对课题能力，即以12种基本能力为代表的胜任素质，这是引导职业生涯走向成功的最重要的部分。

然而，除了胜任素质以外，技术和知识这部分也是相当重要的因素。不能尽早掌握技术和知识，就可能给你的职业生涯拖后腿。因此，有两种技术可以说是不可或缺的"必要条件"，那就是"信息收集技术"和"数字解读技术"。

信息收集技术

"信息收集技术"是指收集并理解工作所需信息的技术。有一种名叫"检索员"的工作，即信息收集专家，所以学习并考取检索员相关的资格证书也是一种选择。不过，我想先来明确一下信息收集技术的普遍原则。

信息收集技术的基础是英语能力和检索技术。现代社会信息泛滥，应该在海量的信息源中访问哪些信息源？能否高效地提取必要的信息？这是信息收集技术的根本所在。

之所以提到英语能力，是因为大部分信息是用英语书写的。即使一开始用日语检索，也经常会在不知不觉间跳到英语网站。在这种情况下，能否从英语信息中找到并提取自己需要的信息，将体现出信息收集力的巨大差距。

而且，想参加前沿研究和先行事例的报告会，需要具备英语对话能力。即使细节部分可以借助翻译，一定程度的英语交流能力也是必不可少的，哪怕是蹩脚英语也行。由于使用的不是母语，往往很难做到积极发言，但能用蹩脚英语与各国人交谈是"必要"的英语能力。

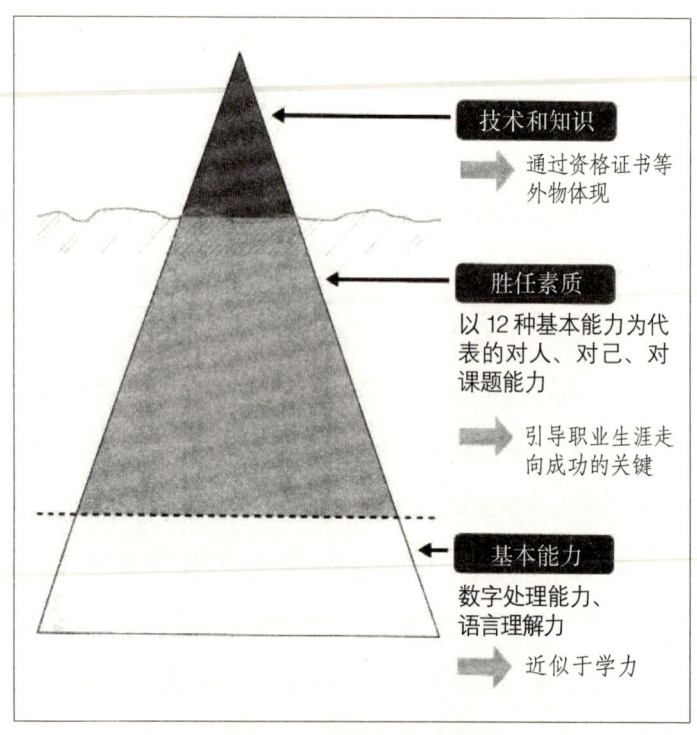

图 3.2　能力的冰山模型

技术和知识
→ 通过资格证书等外物体现

胜任素质
以12种基本能力为代表的对人、对己、对课题能力
→ 引导职业生涯走向成功的关键

基本能力
数字处理能力、语言理解力
→ 近似于学力

另一个重要因素是互联网检索技术，这可不像在检索网站上输入关键字就完事那么简单。诸如查找餐厅位置等简单的检索，任何人都能做到，不存在高低之分。可是，一旦涉及更不明确的大型主题的检索（往往是工作中必要的"模糊"检索），就能体现出明显的个人差距了，例如调查最近年轻人的消费特征。这些检索的关键在于找到核心信息源，而这很大程度上要凭直觉，这种直觉可能只有通过训练才能掌握。

不妨设定一个信息收集主题，确定截止期限，与同事们竞赛，然后通过交流发现彼此的差距；或者了解别人是通过怎样的步骤找到信息源的，这种方法也很有效。

最近的年轻人不爱记笔记。前辈或上司可能觉得，这么重要的谈话，为什么不记笔记？这恐怕是因为年轻人对自己的信息收集技术抱有自信的缘故。他们掌握信息的办法，是在需要相关信息时询问别人，或者找到信息源。就像书签的感觉。当然，不可重现的信息是有必要记录下来的，但无论什么信息都记下来放在身边的话，反而有可能影响信息处理能力。当然，每个人都有适合自己的做法。总之无论如何，请切实掌握适合自己的检索技术和英语能力。

数字解读技术

另一种技术是数字解读技术。这种技术又分为两种，一种是读取、分析数据所必需的知识和技术，另一种是读懂与经营相关的数字的知识和技术。

你有没有听过"数据挖掘"一词？这个词是指挖掘数据这一重要信息矿脉，发掘能够活用于工作的知识。如果不懂得如何正确解读数据，不仅会忽略宝贵的信息，还可能作出错误的经营判断。

不过，一说到牢牢掌握数字解读技术"需要先学习统计学"，很多人就吓呆了。其实并不需要具备对市场调查自行设计、统计、分析的能力，只要达到能准确读取输出结果的水平就可以了。现在有很多公司负责调查、统计、分析工作，完全可以把这部分工作交给他们。或者，也可以把目标定为掌握必要的 Excel 知识，以便把工作中得到的数据进行简单的图表化。

调查这种东西，只要想得到对自己有利的结果，要多少有多少。通过抽样、设计、分析等工作方式，甚至可以伪造结果。如果因缺乏相关知识而轻易相信调查结果，很可能会犯下无法挽回的错误。因此，我推荐先阅读有关数据解读的基础书籍，在此基础上尝试参加与调查相关的讲座，或者利用 Excel 的统计功能，对工作中得到的问卷调查结果进行加工。即使对数学不好的人来说，这样做也不是很难。

只要掌握到一定程度，就能"读懂"问卷调查结果的统计数字，从中提取重要信息。对于考虑商品和促销战略而言，这是必不可少的技术。

另一种技术是读懂与经营相关的数字。简单来说，就是学会看懂三种基础财务报表，即"损益表"（P/L）、"借贷平衡表"（B/S）和"现金流量表"。

损益表是反映一定时间内收益、支出、亏损的统计报表。先从"销售额"中减去"成本"，得到"销售总利润"；再减去"销售费、一般管理费"，得到"营业利润"；再结合"营业外收益""营业外费用"等因素，得出"经营利润"；再对"特殊利润""特殊损益"加以调整，得到"税前当期利润"。

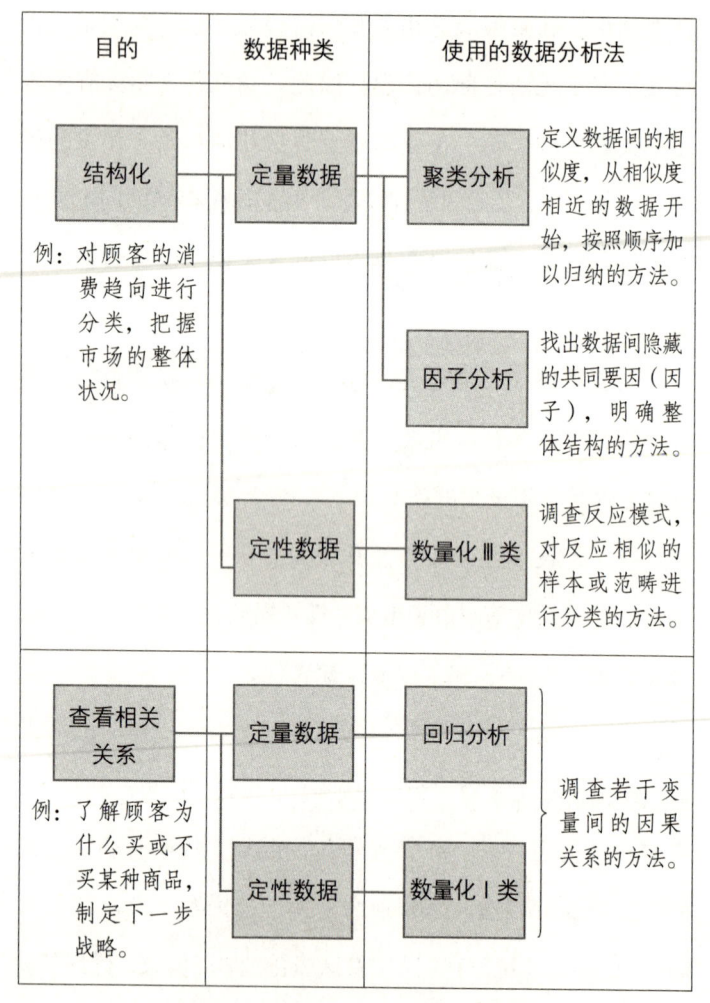

目的	数据种类	使用的数据分析法	
结构化 例：对顾客的消费趋向进行分类，把握市场的整体状况。	定量数据	聚类分析	定义数据间的相似度，从相似度相近的数据开始，按照顺序加以归纳的方法。
	定量数据	因子分析	找出数据间隐藏的共同要因（因子），明确整体结构的方法。
	定性数据	数量化Ⅲ类	调查反应模式，对反应相似的样本或范畴进行分类的方法。
查看相关关系 例：了解顾客为什么买或不买某种商品，制定下一步战略。	定量数据	回归分析	调查若干变量间的因果关系的方法。
	定性数据	数量化Ⅰ类	

图 3.3　应该了解的数据分析法

借贷平衡表是反映一定时间内财务状况的报表，通常又称资产负债表。表的右侧记录资金的筹措情况，分为必须偿还的"负债"（流动负债、固定负债）和无须偿还的"资本"（资本金、法定储备金、盈余）；左侧记录资金的使用情况，体现为"资产"（流动资产、固定资产、递延资产）。通过这些数字，可以解读出企业经营的大量相关信息。

现金流量表记录的是现金的流动，表现为"营业活动""投资活动"和"财务活动"三种。自2000年3月起，制作现金流量表成为日本企业必须承担的义务。

只要读懂这些经营数字，你就不仅足以担任管理职务，还能从事营业职务，做到理解顾客的想法。

这两种能力与胜任素质不同，并不是引导职业生涯走向成功的充分条件，但我建议大家把它们当成必要条件，通过参加讲座等学习方式尽早掌握。

成年人的实习

前文说过,职业生涯犹如一个看不清前路的螺旋阶梯。因此,一旦道路一分为二,出现岔路,就容易迷失方向,不知道该向右走还是向左走。对于究竟哪条道路才是正确的,并不容易作出判断,"只有尝试过才能知道"。这就是现实。

这种情况下的有效办法是加以实验,稍作尝试(或许也可以称为广义上的实习)。下面分别谈谈学生的实习和成年人的实习。

有益于双方的职业生涯的"实验"

先说说就业时的"实验"。

首先就是实习。这种机制源自美国,从20世纪90年代后半期起,引入该机制的日本企业开始增多,使得实习迅速变得广为人知。学生的工作经验很少,只有兼职打工,所以实际体验正式员工的工作内容是很有价值的。

可是,人们往往只关注那些工作内容和打工一样的实习项目。但这样毫无意义，真正需要体验的是将来就业时可能从事的工作。

即使暂时找不到"要登的山"（参照第一章"职业生涯就是始终向着目标笔直前进？"一节），也必须开始"漂流"，而实习能够有效地帮助我们确定在哪条河中漂流。据说，实习刚刚引入日本的时候，是企业提供给预约雇用的在校生锻炼用的，可以说并不符合人们的期待。但如今，越来越多的人事部门也将其当作雇用活动的一个环节了，更有越来越多的公司开始采用实习制度，以减小雇用失误的概率，增加发掘优秀人才的概率。

还有一种叫作"介绍预定派遣"的方法，因政策放宽而得以推广。该制度是先以派遣劳动人员的身份参加有期派遣，一边工作，一边跟用人单位"相亲"，如果彼此觉得合适，就直接转正。众所周知，日本对于解雇的规定极为严格，因此，雇用属于重大决策，一旦雇用了一个人，就几乎相当于要为其支付一辈子的薪水。无论经过多少次面试，都难以看出一个人的真实能力，总会发生一定概率的雇用失误，而介绍预定派遣能够防止这样的雇用失误，所以在企业看来是很合理的制度。而从个人的角度来看，通过介绍预定派遣，有可能进入通过一般雇用途径进不去的公司。可以说，这是有益于双方的"实验"。

政府也出台了一项政策，名叫"试行雇用"，是指在约半年的时间内，企业一边享受政府的补助金，一边试用劳动者。这种方法作为针对失业人员的有效对策，得到了很高的评价。

除此之外，针对独立创业也有实验方法。

例如，远程办公就是一种有效的实验。最近，允许在家办公的公司也变得越来越多。如果一个人在家工作比在公司工作更有效率，这个人就"适合"作为SOHO工作者（以自己的家为事务所的个人事业者），但前提是他能够进行自我管理。相反，如果在家里不能集中精神，总是被孩子缠着不放，工作难以进行，还是放弃SOHO为好。通过远程办公，就能知道自己适不适合这种模式。

关于独立创业，我还推荐一种方法——开展副业。

根据现状，上班族在养老金、保险、社会信用、收入等所有方面都得到了优待。因此，辞职单干是要冒很大风险的，一旦踏出这一步就走不了回头路，也不允许失败。

因此，不妨一边做好本职工作，一边利用空闲时间稍微试着做些副业。无论多少，只要试着做一做，就能知道自己是适合独立创业，还是适合继续工作。如果确信自己能行，那就独自创业。这样一来，就能避免因判断错误而遭遇重大失败。

只要副业不是与你所属公司相竞争的行业，基本上很可能对你的本职工作也有帮助。尝试小规模的经营是很宝贵的学习机会，如果此副业恰好还能让你运用专业知识，那就还能锻炼你的专业性。

可能的话，请在得到公司直属上司的默许后再开始尝试。如果无论如何都想悄悄进行的话，可以让家人当经营者，你以帮忙的形式参与其中。我所属的职业研究所针对独立创业者做过问卷调查，很多人表示，自己在正式开始创业前都以副业的形式进行过尝试。

从多样的选项中作出选择

到了一定的年龄，在考虑接下来的职业规划时，不要只局限于跳槽和创业的二选一，应该从多样的选项中作出

■从事副业的人所占比例

现在有副业	现在没有副业,但今后想有	现在没有副业,而且今后也不想有	未回答
6.0%	18.7%	75.1%	0.3%

有副业意向 24.7%

■从事副业的理由
(由现在有副业及今后想有的人回答)

为了增加收入	为了将来独立或创业	出于兴趣	其他	未回答
57.1%	17.7%	22.0%	2.5%	0.6%

图 3.4 以试图独立创业的人为对象的问卷调查

选择，这一点非常重要。

就业形态除了正式员工，还有合同工、接受业务委托的个体经营者等方式；独立也不是只有一般的法人化，还有 NPO 法人、工人合作社等同种职业者以合作组织的形式共同经营的方式，以及特许加盟、自由职业者等方式。此外还可以选择当公务员或教师。可选择的道路如此之多，甚至从另一种角度来说，也能作出不同选择，比如可以单打独斗，可以拉帮结伙，也可以夫唱妇随。对以上内容稍加整理，要点就是："受雇工作"还是"非受雇工作"，"单打独斗"还是"与人合作"，"营利企业"还是"非营利组织"，"低风险低回报"还是"高风险高回报"，等等。请考虑哪种方法适合自己。另外，如果你具备专业构筑力，不妨着重考虑如何利用你的专业。请根据自己的情况对比 12 种基本能力，确认自己哪种能力特别强，对哪种能力没有自信，然后多花一些时间，慎重地作出选择。

阶梯顶端的世界

职业生涯阶梯的顶端会是一个怎样的世界呢？

因提出职业论而一举成名的麻省理工学院的埃德加·沙因教授指出，培养自我概念会起到为职业选择定位的作用，就像船锚让船固定一样。自我概念是通过长年累月地反复自问——自己的强项和弱点有哪些？自己的目标是什么？自己的价值观是怎样的？——而产生的，一旦确立了自我概念，航路就能始终保持正确的前进方向（详情见沙因所著的《职业锚》[Career Anchors]一书）。

我认为，通过反复自问这三个问题，就能逐渐理解掌握12种基本能力的重要性，最终找到适合自己的工作——天职。在阶梯顶端等待你的是确切无误的选择，这个选择不是基于其他任何人的标准，而是基于你自己的标准。

以如此标准选择的工作肯定是非常适合你的强项和弱点的工作，是你"能做"的工作，是你"想做"的工作，也是你"该做"的工作。

确立了自我概念以后，应该就能有所自觉，知道现在做的工作是"自己的工作"，是"自己的天职"。回头想想，以前随随便便做过各种工作，也犯过不少错误。但自己应该知道，那些经历全都是有用的，也应该能切实地体会到，即使是乍一看跟现在的工作毫无直接或间接关系的事，也可能是掌握如今必需能力的机会，或者是重要的机遇，总之是以某种形式与"现在"有所联系。这种状态就是我所提到的"阶梯顶端"的世界。

所以说，这绝不是高收入或出人头地之类的状态。当然，作为结果可能表现为出人头地，但那并非本质，关键在于体会到一种合适感，而这种合适感是建立在与你的自我概念相呼应的标准之上的。到那时，即使世间的普遍标准与你自己的标准不同，你也会觉得无所谓。你会觉得，"年薪比别人高""比同学更快发迹""有名誉的地位""华丽的学历""各种各样的资格证书"都没什么大不了的。

工作在人生中占有重要的位置，能在一定程度上决定人生是否幸福。而在"职业阶梯"的顶端等待你的，是能让你切实体会到自身与工作构建和谐关系的空间。

后 记

本书内容是我在演讲等场合发言的归纳总结，其中既有面向大学生的，也有针对中老年人第二职业的。但我想传达给大家的主旨是相通的，那就是——引导职业生涯走向成功的关键在于有计划地开发自己的能力。

而且，有的能力是在刚入职时就应该开发的，有的能力则适合等到职业道路走过一半再开发。

书中的内容都是"应该用一生来学习"的，这可能会令人感觉有些沉重。但是，如果能从被社会普遍的成功标准所挟持的职业道路中脱离出来，走上基于自我标准的通往成功的道路，那时的爽快感是任何东西都难以替代的。我写这本书的目的，就是希望让更多的人体会到这种快感。

因此，我希望大家读完本书以后能够去实践，并且经常确认12种基本能力的掌握程度。

前几天，我从去年听我演讲的大学生们那里收到了听后感，发现有不少人"被（我的）演讲内容刺激而开始展开具体行动了"。这令我感到格外开心。我衷心祝愿每位读者都能拥有幸福的职业生涯。

本书在写作过程中受到瑞可利职业研究所的石川真智先生和渡边圭子女士的大力协助，如图表的制作、预先调查等等。此外，日经BP社的川口达也先生对本书提供了很多建议。在此，我要向他们表达诚挚的谢意。

2004年春于热海山中陋室
大久保幸夫

出版后记

随着职场中的竞争越来越激烈，市面上关于工作技巧的书也渐趋多样化，从教职场新人入门到帮老鸟突破职业瓶颈，从提升个人素质的方法到促进人际关系的技巧，话题繁多，应有尽有。这常常让渴望提升工作能力的读者眼花缭乱、不知所措，这么多的工作方法论，到底哪一种才是最适合自己的？职业研究专家、管理咨询顾问、职场达人们各执一词，我们究竟该如何选择？

本书不同于市面上常见的职场指导书，作者大久保幸夫并不直接向你传授具体的工作方法，而是从工作的本质出发，向读者传授一套适用于工作各个时期和场合的基本法则。具体体现为工作中需要的12种基本能力，即乐观力、持续学习力、目标发现力、专业构筑力、亲和力、反应力、语境理解力、人脉开拓力、委任力、商谈力、传授力和协调力。这12种基本能力又分为"对己""对人""对课题"等三个方面的能力，作用范围能够覆盖工作中的方方面面，有效帮读者解决工作中遇到的种种难题。

另外，作者还提出，工作中真正需要的并不是学历和资格证书等外在条件，在多年从事职业研究的过程中，大久保幸夫目睹了很多为理想奋力打拼的职场人，他们努力学习新技能，拼命考取各种资格证书，甚至为了提升自己毅然重返校园进修，但结果却往往徒劳无功，因为他们并没有意识到什么才是在工作中必须要掌握的。学历和资格证书可能是有效的敲门砖，但真正能让你在职业生涯中一帆风顺的是一种能帮你在关键时刻解决问题的"胜任素质"，也借此劝告读者，光鲜的学历和资格证书并不是让你在职场中畅通无阻的通行证，职业成就的阶梯，还是需要我们一步一个脚印地向上攀登。

服务热线：133-6631-2326　188-1142-1266

服务信箱：reader@hinabook.com

后浪出版公司

2016 年 7 月

图书在版编目（CIP）数据

12个工作的基本／（日）大久保幸夫著；程亮译．—南昌：江西人民出版社，2016.9（2017.2重印）
ISBN 978-7-210-08606-2

Ⅰ.①1… Ⅱ.①大…②程… Ⅲ.①职业选择
Ⅳ.①C913.2

中国版本图书馆CIP数据核字（2016）第162816号

SHIGOTO NO TAMENO 12 NO KISORYOKU written by Yukio Okubo
Copyright © 2004 by Yukio Okubo
All rights reserved.
Originally published in Japan by Nikkei Business Publications, Inc.
Simplified Chinese translation rights arranged with Nikkei Business Publications, Inc. through BARDON-CHINESE MEDIA AGENCY.
Simplified Chinese translation edition published by Ginkgo（Beijing）Book Co., Ltd.

版权登记号：14-2016-0150

12个工作的基本

作者：[日]大久保幸夫　译者：程亮　责任编辑：王华
出版发行：江西人民出版社　印刷：北京嘉实印刷有限公司
889毫米×1194毫米　1/32　7.25印张　字数126千字
2016年9月第1版　2017年2月第2次印刷
ISBN 978-7-210-08606-2
定价：36.00元
赣版权登字-01-2016-410

后浪出版咨询（北京）有限责任公司常年法律顾问：北京大成律师事务所
周天晖 copyright@hinabook.com
未经许可，不得以任何方式复制或抄袭本书部分或全部内容
版权所有，侵权必究
如有质量问题，请寄回印厂调换。联系电话：010-64010019

《麦肯锡教我的思考武器》

著　　者：（日）安宅和人
译　　者：郭菀琪
书　　号：978-7-5502-2207-6
出版时间：2013.11
定　　价：29.80元

摆脱"没有功劳也有苦劳"的错误思维
麦肯锡教你如何交出有价值的工作成果

内容简介

　　大多数人在面对工作和问题时，总是还没想清楚"真正的问题究竟是什么"，就急忙动手去处理、去解决。然而，像这样一味求"快"、忙得团团转的结果，往往是白费力气，最后步入事倍功半的"败者之路"。

　　这本书告诉你，遇到问题时，先慢一点动手！因为有一件事比急着动手更重要——先判断："这个问题重要吗？"

　　本书作者根据自己在麦肯锡公司工作时积累的丰富经验以及脑神经学的专业背景，设计出一套极具逻辑性的问题解决思维模式——先找到真正的问题，想清楚目的再动手，搜集个性化信息，组建故事线，划定答案界限，整合有用材料，最后交出完美成果。

　　还在欺骗自己"没有功劳也有苦劳"吗？NO！交出有价值的成果才是好工作！

《麦肯锡教我的写作武器》

著　者：（日）高杉尚孝

译　者：郑舜珑

书　号：978-7-5502-1552-8

出版时间：2013.08

定　价：32.00 元

麦肯锡教你"用得着的"逻辑写作技巧

内容简介

　　本书根据作者高杉尚孝在麦肯锡管理咨询公司工作的丰富经验，详细介绍了世界一流公司的商务文案写作方法，是一本让你学会逻辑思考方法、提高写作能力的实用工具书。本书分为基础篇和实践篇两部分，结合实际案例，系统地介绍了运用逻辑思考，制作一份兼具逻辑力与明确表达力的精彩商务文案所需的诸多方法，如金字塔原理、MECE原则、分辨问题类型的高杉法、SCQOR故事展开法以及具体制作报告与简报的方法等，帮助你自动养成逻辑思考的习惯，五分钟就构思出一篇逻辑清晰、说服力十足的商务文案。

《麦肯锡入职培训第一课》

著　　者：（日）大岛祥誉
译　　者：颜彩彩
书　　号：978-7-5502-5125-0
出版时间：2015.7
定　　价：28.00 元

让职场新人一生受用的逻辑思考力

内容简介

　　全球最著名的咨询管理公司麦肯锡是如何培训新人的？为什么麦肯锡新人能在短短几年内"脱胎换骨"，从菜鸟变成无往不胜的职场精英？是什么让"麦肯锡毕业生"走到哪里都抢手，在各行各业创造非凡的成就？

　　在本书中，麦肯锡资深管理咨询师大岛祥誉将为你揭秘"麦肯锡新人培训计划"中最精华的部分——逻辑思考。的这种包含"批判性思考＋逻辑性展开"的独特思考方式，是由一代又一代麦肯锡精英在工作中的不懈努力凝聚而成。它不仅能让你在刚进入职场时摆脱"处处碰壁"的尴尬处境，更能在未来的工作和生活中，为你提供跨越重重难关的力量。

　　跟随作者的指引，从未进入麦肯锡的你也可以学到麦肯锡的超一流工作术，为自己的职业生涯打下坚实有力的根基。